Curso
MAD360

*La diferencia entre aprobar
y sacar plaza*

Técnico/a en Cuidados Auxiliares de Enfermería

SERVICIO DE SALUD DEL PRINCIPADO DE ASTURIAS

Si aún no dispones de tu **Curso MAD360**, te ofrecemos un acceso GRATIS de 30 días para que disfrutes de los siguientes recursos:

AF212302

- Técnicas de Memoria 360.
- MADTEST: Test *online* Nivel PRO.
- Temario en formato digital.
- Vídeos.
- Esquemas.
- Planificación de estudio.
- Foro entre opositores hasta la fecha del examen.*
- Recursos y novedades exclusivas.
- Consúltanos sobre tu oposición y proceso selectivo.
- Actualizaciones legislativas (Boletines Oficiales) hasta 60 días antes de la fecha del examen.*

Para acceder a esta prueba del Curso MAD360** será necesaria la compra de todos los libros para esta especialidad de la edición 2026.

Regístrate en **mad.es/iniciar-sesion** y, en la pestaña **MIS CURSOS**, valida los códigos que encontrarás en la última página de tus libros. Recuerda que dispones de un plazo de **45 días desde la fecha de compra** para realizar la validación. Si no verificas tu matrícula, el periodo de uso del curso comenzará a contar aunque no hayas accedido.

NOTA IMPORTANTE:

* Examen de esta categoría profesional correspondiente a la convocatoria publicada en el BOPA núm. 20, de 30 de enero de 2026, o hasta el 31 de marzo de 2027, lo que se cumpla antes, y previa renovación del servicio.

** El acceso al CURSO MAD360 estará disponible desde marzo de 2026 (algunos recursos podrían estar disponibles en fecha posterior). Tendrá una duración de 30 días RENOVABLES mediante pago, desde la validación de códigos, o hasta el 30 de septiembre de 2027, lo que se cumpla antes.

MAD se reserva el derecho a ampliar dichas fechas.

Técnico/a en Cuidados Auxiliares de Enfermería del Servicio de Salud del Principado de Asturias

Marzo, 2026

Técnico/a en Cuidados Auxiliares de Enfermería del Servicio de Salud del Principado de Asturias

Test del temario

Autores

DOMINGO GÓMEZ MARTÍNEZ
Licenciado en Derecho
Técnico de Función Administrativa

FRANCISCO JESÚS TORRES FONSECA
Licenciado en Derecho

JOSÉ LUIS GARRIDO VELA
Licenciado en Derecho

ELENA GARCÍA FERNÁNDEZ
Licenciada en Derecho

TERESA MARÍA TORRES FONSECA
Licenciada en Derecho

LIDIA PONCE MARTÍNEZ
Licenciada en Psicología

JOSÉ MANUEL GONZÁLEZ RABANAL
Licenciado en Derecho

ROCÍO CLAVIJO GAMERO
Licenciada en Psicología

M.ª JOSÉ GARCÍA BERMEJO
Licenciada en Biología
Técnico Especialista en Laboratorio

JUAN MANUEL GIL RAMOS
Licenciado en Medicina

HERMINIA ANDRADES ROMERO
Diplomada en Fisioterapia

M.ª DEL CARMEN SILVA GARCÍA
Diplomada Universitaria en Enfermería
Técnica Especialista de Laboratorio

© 7 Editores Recursos para la Cualificación Profesional y el Empleo, S.L. (7 Editores)
© Los autores
Primera edición, marzo 2026 (194 páginas)
Derechos de edición reservados a favor de 7 Editores
IMPRESO EN ESPAÑA
Diseño Portada: 7 Editores
Edita: 7 Editores
Avda. San Francisco Javier, 9 · Edificio Sevilla 2 · Planta 11 · Módulos 25-27 · 41018 Sevilla
Teléfono: 954 784 411 · WEB: www.mad.es · e-mail: administracion@7editores.com
ISBN: 979-13-702-8621-7
© "Editorial Mad" y "Eduforma" son nombres comerciales registrados de
7 Editores Recursos para la Cualificación Profesional y el Empleo, S.L.

Índice

PARTE GENERAL

Test n.º 1. La Constitución Española de 1978: El derecho a la protección de la salud en la Constitución 13

Test n.º 2. Ley 14/1986, de 25 de abril, General de Sanidad. Sistema Nacional de Salud: El derecho a la protección de la salud (Título Preliminar). Estructura del sistema sanitario público (Título III) 19

Test n.º 3. Ley 31/1995, de 8 de noviembre, de Prevención de Riesgos Laborales: Derechos y obligaciones (Capítulo III). Consulta y participación de los trabajadores (Capítulo V) 25

Test n.º 4. Ley Orgánica 3/2018, de 5 de diciembre, de Protección de Datos Personales y garantía de los derechos digitales: objeto, ámbito de aplicación y datos personas fallecidas (Título I); Principios de la protección de datos (Título II). Derechos de las personas (Título III) 33

Test n.º 5. La Ley 41/2002, de 14 de noviembre, básica reguladora de la autonomía del paciente y derechos y obligaciones en materia de información y documentación clínica. Principios generales (Capítulo I); El derecho a la intimidad (Capítulo III); El respeto de la autonomía del paciente (Capítulo IV) 41

Test n.º 6. Ley 55/2003, de 16 de diciembre, del Estatuto Marco del personal estatutario de los servicios de salud: objeto y ámbito de aplicación; clasificación de personal estatutario; derechos y deberes; situaciones; incompatibilidades; régimen disciplinario. Decreto 72/2013, de 11 de septiembre, por el que se aprueba el Reglamento de jornada, horario, vacaciones y permisos de los funcionarios de la Administración del Principado de Asturias, sus organismos y entes públicos (Capítulos I a VI) 49

Test n.º 7. Ley Orgánica 7/1981, de 30 de diciembre, de Estatuto de Autonomía para Asturias: Título Preliminar; De los órganos institucionales del Principado de Asturias (Título II) 57

Test n.º 8. Ley 7/2019, de 29 de marzo, de Salud. Estructura Orgánica y Funcionamiento (Sección Primera, Capítulo Dos del Título IX). Organización Territorial del Servicio de Salud del Principado de Asturias (Capítulo III del Decreto 123/2025, de 11 de diciembre, por el que se establece la estructura orgánica básica de los órganos de dirección y gestión del Servicio de Salud del Principado de Asturias) 63

Test n.º 9. Ley 16/2003 de 28 de mayo, de Cohesión y Calidad del Sistema Nacional de Salud: De las prestaciones (Capítulo I). De los profesionales (Capítulo III). Cartera de servicios comunes de Sistema Nacional de Salud (Artículo 2 del Real Decreto 1030/2006, de 15 de septiembre, por el que se establece la cartera de servicios comunes del Sistema Nacional de Salud y el procedimiento para su actualización) 73

Test n.º 10. Ley 2/2011, de 11 de marzo, para la igualdad efectiva de mujeres y hombres y la erradicación de la violencia de género. Título Preliminar: Objeto, Ámbito de aplicación y Conceptos; La integración del principio de igualdad entre mujeres y hombres en la salud (Artículo 20); Igualdad en el empleo público (Capítulo II-Título III) 81

PARTE ESPECÍFICA

Test n.º 11. Trabajo en equipo: Concepto de equipo, equipo multidisciplinar, el proceso de integración, consenso, motivación-incentivación y aprendizaje. Comunicación: Concepto y tipos de comunicación. Habilidades para la comunicación. La empatía y la escucha activa. Control del estrés 91

Test n.º 12. Atención y cuidados del paciente en las necesidades de higiene: Recién nacido y adulto. Concepto, higiene general y parcial, higiene de la piel y capilar, técnica de baño asistido (ducha y bañera), higiene del paciente encamado, zonas que requieren cuidados especiales. Procedimientos para preservar la intimidad al realizar la higiene del paciente. Prevención de Riesgos laborales: Especial referencia a la manipulación manual de cargas y al riesgo biológico 97

Test n.º 13. Atención y cuidados de las Úlceras por presión: concepto, factores de riesgo. Localización. Etiología. Medidas de prevención, movilización y cambios posturales 103

Test n.º 14. Infección nosocomial: Definición, cadena epidemiológica de la infección nosocomial, barreras higiénicas, consecuencia de las infecciones nosocomiales. Medidas de aislamiento, descripción y tipos de aislamiento, precauciones. Importancia del lavado de manos para evitar las infecciones cruzadas 109

Test n.º 15. Actividades del Auxiliar de Enfermería en Atención Primaria y Atención Especializada. Coordinación entre niveles asistenciales. Concepto: cuidados, necesidades básicas y autocuidados. El hospital y los problemas psicosociales y de adaptación del paciente hospitalizado 115

Test n.º 16. Posiciones anatómicas. Atención y preparación del paciente para una exploración o intervención quirúrgica: Atención en las fases: pre-operatorio, intervención y post-operatorio 121

Test n.º 17. Atención y cuidados del paciente en las necesidades de movilización. Movilidad e inmovilidad física, factores que afectan la movilidad. Técnicas de ayuda a la deambulación. Procedimientos de traslado del paciente. Riesgo de caídas, medidas preventivas. Uso correcto dispositivos de ayuda.. 127

Test n.º 18. Anatomía y fisiología del Aparato Digestivo. Atención y cuidados del paciente en las necesidades de Alimentación: Dietas terapéuticas. Vías de alimentación: oral, enteral y parenteral: apoyo de comidas a pacientes. Administración de alimentos por sonda nasogástrica.............. 133

Test n.º 19. Atención y cuidados del paciente en relación con las necesidades de eliminación. Diuresis y defecación: Factores que afectan a la defecación, tipos de enemas, administración de enemas. Conocimiento y actividades de colaboración para la realización de los sondajes del aparato urinario, digestivo y rectal.. 139

Test n.º 20. Principios anatomofisiológicos del aparato cardiovascular y respiratorio. Características fisiológicas de las constantes vitales y balance hídrico. Conceptos generales y valores normales. Métodos de administración de aerosolterapia oxigenoterapia. Colaboración en los cuidados del paciente con trastornos cardiorrespiratorios.. 145

Test n.º 21. Atención y cuidados al paciente de Salud Mental en los ámbitos hospitalario y comunitario: Concepto de Trastorno Mental Grave, cuidados de necesidades básicas durante la hospitalización y en atención domiciliaria al paciente y familia cuidadora.. 151

Test n.º 22. Atención y cuidados en el anciano: Concepto de ancianidad, cuidados del anciano, cambios físicos asociados con el envejecimiento. Apoyo a la promoción de la salud y educación sanitaria. Medidas de apoyo a la persona cuidadora del anciano dependiente. Atención al paciente con demencia 157

Test n.º 23. Cuidados del/ de la Técnico en Cuidados Auxiliar de Enfermería a la persona en situación terminal. Cuidados físicos y cuidados psicológicos. Duelo y atención post-mortem 163

Test n.º 24. Urgencias y emergencias: Concepto. Colaboración en primeros auxilios en situaciones críticas: Politraumatizados, quemados, shock, intoxicación, hemorragias, asfixias, heridas, fracturas, esguinces y luxaciones. Reanimación cardiopulmonar básica 169

Test n.º 25. Muestras biológicas: Concepto de muestra, diferentes tipos de muestras biológicas. Procedimientos de toma de muestras, manipulación, transporte y conservación. Fase Preanalítica y Recogida de Muestras... 175

Test n.º 26. Los medicamentos. Administración de medicamentos, vigilancia y precauciones. Vías de administración. Funciones del/ de la Técnico en Cuidados Auxiliar de Enfermería en relación con la administración de medicamentos 181

Test n.º 27. Conceptos de limpieza, desinfección y esterilización del material sanitario. Principios básicos. Métodos de desinfección. Métodos de esterilización. Preparación del material para esterilización. Gestión de residuos sanitarios. Clasificación, transporte, eliminación y tratamiento...... 187

PARTE GENERAL

TEST N.º 1

La Constitución Española de 1978: El derecho a la protección de la salud en la Constitución

1. ¿En qué parte de la Carta Magna se establece la exposición de motivos que impulsan la norma constitucional y los objetivos que con ella se pretenden alcanzar?

a) En el Título Preliminar.
b) En el Preámbulo.
c) En el Título I.
d) En el Título II.

2. La Constitución Española fue sancionada por:

a) El Rey.
b) El Presidente del Congreso.
c) Las Cortes Generales.
d) El Presidente del Gobierno.

3. ¿Cuáles de los siguientes españoles de origen pueden ser privados de su nacionalidad?

a) Exclusivamente los miembros de grupos terroristas.
b) Los miembros de grupos terroristas y los que atenten contra el Rey u otro miembro de la Casa Real.
c) Los que atenten contra un miembro de la Familia Real o del Gobierno de la Nación.
d) Ningún español de origen podrá ser privado de su nacionalidad.

4. Según la CE son fundamentos del orden político y la paz social:

a) La dignidad de la persona, los derechos violables que les son inherentes y el respeto a la ley.
b) La dignidad de la persona, el desarrollo limitado de la personalidad y el respeto a la ley.
c) El respeto a la ley, a los reglamentos administrativos y demás disposiciones legales.
d) La dignidad de la persona, los derechos inviolables que le son inherentes, el libre desarrollo de su personalidad, el respeto a la ley y a los derechos de los demás.

5. ¿Cuál de los siguientes es considerado por la CE como uno de los valores superiores del ordenamiento jurídico?

a) La jerarquía normativa.
b) El pluralismo político.
c) La publicidad normativa.
d) La equidad.

6. La forma política del Estado español es:

a) Democracia parlamentaria.
b) Gobierno parlamentario.
c) Monarquía parlamentaria.
d) República democrática.

7. La parte de la CE que regula la estructura de los principales órganos del Estado recibe el nombre de:

a) Parte dogmática.
b) Parte orgánica.
c) Parte estatal.
d) Parte estructural.

8. Según la CE, la soberanía nacional:

a) Corresponde a las Cortes Generales, al estar compuestas por los representantes del pueblo.
b) Corresponde al Rey.
c) Reside en el pueblo español.
d) Corresponde al Gobierno de la Nación elegido directamente por el pueblo.

9. El derecho a la propiedad en nuestra Constitución es un Derecho:

a) Inherente a la condición humana.
b) Absoluto.
c) Limitado por la función social de la misma.
d) Ninguna de las respuestas anteriores es correcta.

10. ¿En qué parte de la Carta Magna se señalan los valores superiores del ordenamiento jurídico?

a) En el Preámbulo.
b) En el Título Preliminar.
c) En el Título I.
d) Ninguna respuesta es correcta.

11. El principio en virtud del cual el ciudadano está amparado por una legislación no sujeta a continuos vaivenes es el de:

a) Legalidad.
b) Publicidad normativa.
c) Seguridad jurídica.
d) Jerarquía normativa.

12. El principio en virtud del cual un Reglamento no puede contradecir una ley es el de:

a) Legalidad.
b) Jerarquía normativa.
c) Las respuestas a) y b) son correctas.
d) Seguridad jurídica.

13. Según la Constitución, una norma que imponga una nueva pena más leve para un delito:

a) No se aplica retroactivamente.
b) Puede aplicarse retroactivamente.
c) Ha de ser reglamentaria.
d) Atenta contra el principio de legalidad penal si se aplica retroactivamente.

14. Todos los españoles, respecto al castellano, tienen el:

a) Derecho-deber de conocerlo.
b) Derecho de usar y deber de conocerlo.
c) Derecho-deber de usarlo.
d) Nada de lo anterior.

15. La capital del Estado en España es:

a) La propia de cada Comunidad Autónoma.
b) La villa de Madrid.
c) Aquella donde se establezca en cada momento el Gobierno de la Nación.
d) Aquella en la que resida generalmente el Rey.

16. El derecho a la vida se consagra en el siguiente artículo de la Constitución:

a) 10.
b) 16.
c) 15.
d) 24.

17. La pena de muerte en España:

a) Ha quedado abolida.
b) Puede aplicarse en cualquier momento.

c) Solo se aplicará, en tiempo de guerra, a los militares.
d) Rige solo en el ámbito civil.

18. La inmediata puesta a disposición judicial derivada del habeas corpus, se produce por:

a) Detención ilegal.
b) Prisión ilegal.
c) Prisión preventiva.
d) Detención preventiva.

19. El proceso en el que se enjuicie a un presunto delincuente debe:

a) Ser sumario.
b) No dilatarse.
c) Entorpecer los instrumentos probatorios.
d) Nada de lo anterior es cierto.

20. La entrada en un domicilio en caso de flagrante delito, sin autorización de su titular:

a) Puede dar lugar a la aplicación del habeas corpus.
b) Requiere autorización previa de la autoridad judicial.
c) Puede efectuarse en todo momento.
d) No puede realizarse en momento alguno.

En MADTEST tienes **más preguntas de este tema**, y todos tus avances quedan registrados y se reflejan en el ranking.

¡Supera tus límites con MADTEST!

Solución al test n.º 1

1. b) En el Preámbulo.

2. a) El Rey.

3. d) Ningún español de origen podrá ser privado de su nacionalidad.

4. d) La dignidad de la persona, los derechos inviolables que le son inherentes, el libre desarrollo de su personalidad, el respeto a la ley y a los derechos de los demás.

5. b) El pluralismo político.

6. c) Monarquía parlamentaria.

7. b) Parte orgánica.

8. c) Reside en el pueblo español.

9. c) Limitado por la función social de la misma.

10. b) En el Título Preliminar.

11. c) Seguridad jurídica.

12. c) Las respuestas a) y b) son correctas.

13. b) Puede aplicarse retroactivamente.

14. b) Derecho de usar y deber de conocerlo.

15. b) La villa de Madrid.

16. c) 15.

17. a) Ha quedado abolida.

18. a) Detención ilegal.

19. b) No dilatarse.

20. c) Puede efectuarse en todo momento.

TEST N.º 2

Ley 14/1986, de 25 de abril, General de Sanidad. Sistema Nacional de Salud: el derecho a la protección de la salud (Título Preliminar). Estructura del sistema sanitario público (Título III)

1. ¿De cuántos Títulos consta la Ley General de Sanidad?

a) Cuatro.
b) Cinco.
c) Seis.
d) Siete.

2. ¿En qué Título de la Ley General de Sanidad, se regula la estructura del sistema sanitario público?

a) Título I.
b) Título II.
c) Título III.
d) Título IV.

3. Las Áreas de Salud serán dirigidas por un órgano propio, donde deberán participar las Corporaciones Locales en ellas situadas, con una representación no inferior al:

a) 20 %.
b) 30 %.
c) 40 %.
d) 50 %.

4. Los Consejos de Salud de Área estarán constituidos por organizaciones sindicales más representativas, en una proporción no inferior al:

a) 25 %.
b) 30 %.
c) 40 %.
d) 50 %.

5. Entre las características fundamentales del Sistema Nacional de Salud, no se encuentra:

a) La extensión de sus servicios a toda la población.

b) La coordinación y, en su caso, la integración de todos los recursos sanitarios públicos en tres dispositivos únicos (estatal, autonómico y local).

c) La prestación de una atención integral de la salud procurando altos niveles de calidad debidamente evaluados y controlados.

d) Todas son correctas.

6. ¿En cuántos niveles organizativos se divide el sistema sanitario español?

a) Tres: central, autonómico y áreas de salud.

b) Dos: central y autonómico.

c) Central, del que derivan el autonómico y local.

d) Únicamente el central.

7. Para la delimitación de las zonas básicas no deberá tenerse en cuenta:

a) El grado de concentración o dispersión de la población.

b) Las características epidemiológicas de la zona.

c) Las instalaciones y recursos sanitarios de la zona.

d) Las distancias mínimas de las agrupaciones de población más cercanas de los servicios y el tiempo normal a invertir en su recorrido usando los medios ordinarios.

8. El Título II de la Ley General de Sanidad, regula:

a) El sistema de salud.

b) La estructura del sistema sanitario público.

c) Las actividades sanitarias privadas.

d) Ninguna es correcta.

9. Las acciones de coordinación y cooperación de las Administraciones Públicas sanitarias, no comprenderán:

a) Las prestaciones sanitarias.

b) La farmacia.

c) Los profesionales.

d) La salud privada.

10. ¿Cuál de las siguientes no es una característica del modelo establecido por la Ley General de Sanidad?

a) Descentralización.

b) Atención Primaria.

c) Gratuidad.
d) Participación de la Comunidad.

11. Señala la respuesta incorrecta. Son características fundamentales del Sistema Nacional de Salud:

a) La extensión de sus servicios a toda la población.
b) La coordinación y, en su caso, la integración de todos los recursos sanitarios públicos en un dispositivo único.
c) La prestación de una atención integral de la salud procurando altos niveles de calidad debidamente evaluados y controlados.
d) La financiación exclusiva de las obligaciones sanitarias por los ciudadanos.

12. En el ámbito de la Atención Primaria, las Áreas de Salud deberán desarrollar las siguientes actividades:

a) Fórmulas de trabajo en equipo.
b) Programas para la promoción de la salud.
c) Programas para prevención, curación y rehabilitación de los enfermos.
d) Todas son correctas.

13. La Ley 14/1986, de 25 de abril, General de Sanidad, establece que las piezas básicas de los Servicios de Salud de las Comunidades Autónomas son:

a) Las Áreas de Salud.
b) Los Distritos Sanitarios.
c) Las Comarcas Sanitarias.
d) Las Zonas de Salud.

14. ¿Cuál es el órgano de dirección de las Áreas de Salud?

a) El Consejo de dirección de área.
b) El Gerente de área.
c) El Consejo de salud de área.
d) La Comisión de salud de área.

15. ¿Qué principio contemplado en la Ley General de Sanidad dispone que en cada Comunidad Autónoma se constituirá un Servicio de Salud integrado por todos los centros, servicios y establecimientos de la propia Comunidad, Diputaciones, Ayuntamientos y cualesquiera otras Administraciones territoriales intracomunitarias, que estará gestionado bajo la responsabilidad de la respectiva Comunidad Autónoma?

a) El principio de solidaridad sanitaria.
b) El principio de responsabilidad.
c) El principio de coordinación.
d) El principio de integración.

16. Como regla general, y sin perjuicio de las excepciones a que hubiera lugar, atendidos los factores geográficos, socioeconómicos, demográficos, laborales, epidemiológicos, culturales, climatológicos y de dotación de vías y medios de comunicación, el área de salud extenderá su acción a una población:

a) No inferior a 100.000 habitantes ni superior a 150.000.
b) No inferior a 150.000 habitantes ni superior a 200.000.
c) No inferior a 200.000 habitantes ni superior a 250.000.
d) No inferior a 250.000 habitantes ni superior a 300.000.

17. ¿Cuál es el órgano de participación de las Áreas de Salud?

a) El Consejo de dirección de área.
b) El Gerente de área.
c) El Consejo de salud de área.
d) La Comisión de salud de área.

18. ¿Cuál es el órgano de gestión de las Áreas de Salud?

a) El Consejo de dirección de área.
b) El Gerente de área.
c) El Consejo de salud de área.
d) La Comisión de salud de área.

19. Señala cuál de los siguientes no es uno de los seis ámbitos de colaboración entre las Administraciones públicas sanitarias definidas por Ley 16/2003:

a) Calidad del sistema sanitario.
b) Los pacientes.
c) La farmacia.
d) El sistema de información sanitaria.

20. ¿Cómo se denomina el órgano del Ministerio de Sanidad al que se encomienda el desarrollo de las actividades necesarias para el funcionamiento del sistema de información sanitaria?

a) Instituto de Información Sanitaria.
b) Consejo Interterritorial del Sistema Nacional de Salud.
c) Observatorio del Sistema Nacional de Salud.
d) Agencia de Información del Sistema Nacional de Salud.

En MADTEST tienes **más preguntas de este tema**, y todos tus avances quedan registrados y se reflejan en el ranking.

¡Supera tus límites con MADTEST!

Solución al test n.º 2

1. d) Siete.

2. c) Título III.

3. c) 40 %.

4. a) 25 %.

5. b) La coordinación y, en su caso, la integración de todos los recursos sanitarios públicos en tres dispositivos únicos (estatal, autonómico y local).

6. a) Tres: central, autonómico y áreas de salud.

7. d) Las distancias mínimas de las agrupaciones de población más cercanas de los servicios y el tiempo normal a invertir en su recorrido usando los medios ordinarios.

8. d) Ninguna es correcta.

9. d) La salud privada

10. c) Gratuidad.

11. d) La financiación exclusiva de las obligaciones sanitarias por los ciudadanos.

12. d) Todas son correctas.

13. a) Las Áreas de Salud.

14. a) El Consejo de dirección de área.

15. d) El principio de integración.

16. c) No inferior a 200.000 habitantes ni superior a 250.000.

17. c) El Consejo de salud de área.

18. b) El Gerente de área.

19. b) Los pacientes.

20. a) Instituto de Información Sanitaria.

Ley 31/1995, de 8 de noviembre, de Prevención de Riesgos Laborales: Derechos y obligaciones (Capítulo III). Consulta y participación de los trabajadores (Capítulo V)

1. ¿Cuál es la vigente Ley de Prevención de Riesgos Laborales?

a) Ley 32/1995, de 8 de noviembre.
b) Ley 30/1996, de 8 de noviembre.
c) Ley 31/1995, de 6 de noviembre.
d) Ley 31/1995, de 8 de noviembre.

2. La Ley de Prevención de Riesgos laborales, tiene por objeto:

a) Prevenir los accidentes en general.
b) Evitar riesgos en el recorrido al puesto de trabajo.
c) Promover la seguridad y la salud de los trabajadores.
d) Que cada vez haya menos accidentes de tráfico.

3. ¿Qué se entiende por "riesgo laboral"?

a) La posibilidad de que un trabajador sufra un determinado daño derivado del trabajo.
b) La posibilidad de que un trabajador sufra una enfermedad en el trabajo.
c) La posibilidad de que un trabajador sufra acoso.
d) El riesgo que supone el ir a trabajar.

4. Indica cuál es la definición de prevención:

a) La probabilidad racional de que un riesgo se materialice de forma inminente.
b) El estudio de los procesos potencialmente peligrosos para el trabajo.
c) Conjunto de actividades o medidas adoptadas o previstas en todas las fases de actividad de la empresa con el fin de evitar o disminuir los riesgos derivados del trabajo.
d) Posibilidad de que un trabajador sufra un determinado daño derivado del trabajo.

5. Según establece el art. 4 de la Ley 31/1995, de 8 de noviembre, de Prevención de Riesgos Laborales, se define como daños derivados del trabajo:

a) La posibilidad de que un trabajador sufra un determinado daño derivado del trabajo.

b) El que resulte probable racionalmente que se materialice en un futuro inmediato y pueda suponer y pueda suponer un daño grave para la salud de los trabajadores.

c) Las enfermedades, patologías o lesiones sufridas con motivo u ocasión del trabajo.

d) Cualquier máquina, aparato, instrumento o instalación utilizada en el trabajo.

6. Señale la respuesta incorrecta:

a) La Ley de Prevención de Riesgos Laborales se aplica a los operativos de Seguridad civil en casos de catástrofe.

b) La Ley de Prevención de Riesgos Laborales se aplica a las sociedades cooperativas.

c) En el ámbito de la relación laboral de carácter especial del servicio del hogar familiar, las personas trabajadoras tienen derecho a una protección eficaz en materia de seguridad y salud en el trabajo.

d) En los establecimientos penitenciarios, se adaptarán a la Ley de Prevención de Riesgos Laborales aquellas actividades cuyas características justifiquen una regulación especial.

7. Para calificar un riesgo desde el punto de vista de su gravedad, se valorarán conjuntamente la severidad del daño y:

a) La probabilidad de que se produzca.

b) La cantidad de trabajadores de la empresa.

c) La existencia o no de equipos individuales de protección.

d) Las condiciones de trabajo.

8. El derecho básico reconocido a los trabajadores por la Ley 31/1995, de 8 de noviembre, es:

a) La vigilancia de su estado de salud.

b) Una protección eficaz en materia de seguridad y salud en el trabajo.

c) La formación en materia preventiva.

d) La información, consulta y participación.

9. Entre los principios de la acción preventiva recogidos por el artículo 15 de la Ley de Prevención de Riesgos Laborales, no figura:

a) Evitar los riesgos.

b) Evaluar los riesgos que se puedan evitar.

c) Tener en cuenta la evolución de la técnica.

d) Dar las debidas instrucciones a los trabajadores.

10. En el marco de sus responsabilidades, el empresario realizará la prevención de los riesgos laborales mediante la integración en la empresa de:

a) Los equipos de protección individual.
b) Los Servicios de Prevención propios.
c) La actividad preventiva.
d) La normativa comunitaria.

11. Los instrumentos esenciales para la gestión y aplicación del Plan de prevención de riesgos laborales son:

a) La evaluación de riesgos y la planificación de la actividad preventiva.
b) La evaluación inicial de riesgos y la formación.
c) La planificación y la gestión de la actividad preventiva.
d) La identificación y la evaluación de los riesgos.

12. En relación a la vigilancia de la salud que ha de garantizar el empresario, el acceso a la información médica de carácter personal:

a) Se limitará al empresario y a los Servicios de Prevención propios.
b) Se limitará al Jefe inmediato del trabajador.
c) Sólo será accesible al propio trabajador.
d) Se limitará al personal médico y a las autoridades sanitarias que lleven a cabo la vigilancia.

13. Según la Ley de Prevención de Riesgos Laborales, es obligación de los trabajadores en materia de prevención de riesgos:

a) La protección eficaz en materia de seguridad y salud en el trabajo.
b) Utilizar correctamente los medios y equipos de protección facilitados por el empresario, de acuerdo con las instrucciones recibidas de éste.
c) Soportar el coste de las medidas relativas a la seguridad y la salud en el trabajo.
d) Desarrollar una acción permanente de seguimiento de la actividad preventiva.

14. Cuando los trabajadores estén expuestos a un riesgo grave e inminente con ocasión de su trabajo, y el empresario no adopte o no permita la adopción de las medidas necesarias para garantizar la seguridad y la salud de los trabajadores, la Ley 31/1995, de 8 de noviembre, de Prevención de Riesgos Laborales prevé que:

a) Los trabajadores afectados podrán paralizar la actividad.
b) El órgano de representación del personal instará formalmente al empresario a la adopción de las medidas necesarias.
c) Los Delegados de Prevención lo comunicarán a la autoridad laboral, que adoptará las medidas necesarias.
d) El órgano de representación de personal podrá acordar la paralización de la actividad.

15. El art. 23 de la LPRL establece la documentación que el empresario debe elaborar y conservar a disposición de la autoridad laboral. De las siguientes no está incluido:

a) El Plan de prevención de riesgos laborales.

b) Evaluación de los riesgos para la seguridad y la salud en el trabajo.

c) La planificación de la actividad laboral.

d) La relación de accidentes de trabajo y enfermedades profesionales que hayan causado al trabajador una incapacidad laboral superior a un día de trabajo.

16. El posible cambio de puesto de trabajo con riesgo para una trabajadora embarazada:

a) Deberá realizarse en caso de imposibilidad de adaptación del propio puesto.

b) Se hará previo informe en tal sentido del Servicio de Prevención.

c) Se determinará por el empresario, y dará información a los representantes de los trabajadores.

d) Se extenderá al período de lactancia.

17. ¿Cuándo se deben utilizar los equipos de protección individual?

a) Siempre.

b) Cuando los riesgos no hayan sido evaluados.

c) Cuando los riesgos no se puedan evitar o no puedan limitarse.

d) Cuando el trabajador lo estime oportuno.

18. Las trabajadoras embarazadas ¿tienen derecho a ausentarse del trabajo para la realización de exámenes prenatales y técnicas de preparación al parto?

a) Sí, con derecho a remuneración, previo aviso al empresario y justificación de la necesidad de su realización dentro de la jornada de trabajo.

b) Sí, con derecho a remuneración, sin necesidad de avisar al empresario ni justificar la necesidad de su realización dentro de la jornada de trabajo.

c) Sí, sin derecho a remuneración, previo aviso al empresario y justificación de la necesidad de su realización dentro de la jornada de trabajo.

d) No, en ningún caso.

19. En las empresas de hasta 30 trabajadores el Delegado de Prevención será:

a) El propio empresario.

b) El trabajador más antiguo.

c) El trabajador de mayor cualificación.

d) El delegado de personal.

20. Según la Ley de Prevención de Riesgos Laborales, se constituirá un Comité de Seguridad y Salud en todas las empresas o centros de trabajo que cuenten con:

a) 30 o más trabajadores.
b) 50 o más trabajadores.
c) 75 o más trabajadores.
d) 100 o más trabajadores.

En MADTEST tienes **más preguntas de este tema**, y todos tus avances quedan registrados y se reflejan en el ranking.

¡Supera tus límites con MADTEST!

Solución al test n.º 3

1. d) Ley 31/1995, de 8 de noviembre.

2. c) Promover la seguridad y la salud de los trabajadores.

3. a) La posibilidad de que un trabajador sufra un determinado daño derivado del trabajo.

4. c) Conjunto de actividades o medidas adoptadas o previstas en todas las fases de actividad de la empresa con el fin de evitar o disminuir los riesgos derivados del trabajo.

5. c) Las enfermedades, patologías o lesiones sufridas con motivo u ocasión del trabajo.

6. a) La Ley de Prevención de Riesgos Laborales se aplica a los operativos de Seguridad civil en casos de catástrofe.

7. a) La probabilidad de que se produzca.

8. b) Una protección eficaz en materia de seguridad y salud en el trabajo.

9. b) Evaluar los riesgos que se puedan evitar.

10. c) La actividad preventiva.

11. a) La evaluación de riesgos y la planificación de la actividad preventiva.

12. d) Se limitará al personal médico y a las autoridades sanitarias que lleven a cabo la vigilancia.

13. b) Utilizar correctamente los medios y equipos de protección facilitados por el empresario, de acuerdo con las instrucciones recibidas de éste.

14. d) El órgano de representación de personal podrá acordar la paralización de la actividad.

15. c) La planificación de la actividad laboral.

16. a) Deberá realizarse en caso de imposibilidad de adaptación del propio puesto.

17. c) Cuando los riesgos no se puedan evitar o no puedan limitarse.

18. a) Sí, con derecho a remuneración, previo aviso al empresario y justificación de la necesidad de su realización dentro de la jornada de trabajo.

19. d) El delegado de personal.

20. b) 50 o más trabajadores.

TEST N.º 4

Ley Orgánica 3/2018, de 5 de diciembre, de Protección de Datos Personales y garantía de los derechos digitales: objeto, ámbito de aplicación y datos personas fallecidas (Título I); Principios de la protección de datos (Título II). Derechos de las personas (Título III)

1. Es correcto, conforme a la disposición adicional 3ª de la LO 3/2018, que:

a) Cuando los plazos se señalen por días, se entiende que estos son naturales.

b) Si el plazo se fija en semanas, concluirá el día anterior al día de la semana en que se produjo el hecho que determina su iniciación en la semana de vencimiento.

c) Si el plazo se fija en años, concluirá el mismo día en que se produjo el hecho que determina su iniciación en el año de vencimiento.

d) Cuando el último día del plazo sea inhábil, se entenderá adelantado al último día hábil anterior.

2. ¿Qué título de la LO 3/2018, de 5 de diciembre, de Protección de Datos Personales y garantía de los derechos digitales, se refiere a los principios de la protección de datos?

a) Título I.

b) Título II.

c) Título III.

d) Título IV.

3. Según el artículo 3 de la LO 3/2018, los requisitos y condiciones para acreditar la validez y vigencia de los mandatos e instrucciones de las personas fallecidas respecto al acceso a los datos personales de éstas por parte de las personas o instituciones que designaran expresamente, serán establecidos:

a) Por medio de una Directiva europea.

b) Por Ley estatal.

c) Por Ley autonómica.

d) Por Real Decreto.

4. El artículo 4 de la LO 3/2018 señala que, conforme al artículo 5.1.d) del Reglamento (UE) 2016/679, los datos serán exactos y, si fuere necesario:

a) Actualizados.
b) Aproximados.
c) Normalizados.
d) Digitalizados.

5. Conforme al artículo 5.1 de la LO 3/2018, estarán sujetas al deber de confidencialidad:

a) Únicamente los responsables del tratamiento.
b) Los responsables y encargados del tratamiento.
c) Los responsables y encargados del tratamiento de datos así como todas las personas que intervengan en cualquier fase de este.
d) Los responsables y encargados del tratamiento de datos así como todas las personas que intervengan en todas las fases de este.

6. Conforme a los artículos 4.11 del RGPD y 6.1 de la LO 3/2018, se entiende por consentimiento del afectado la aceptación, ya sea mediante una declaración o una clara acción afirmativa, del tratamiento de datos personales que le conciernen manifestada por voluntad libre, de forma específica, informada e/y:

a) Detallada.
b) Unitaria.
c) Inequívoca.
d) Por escrito.

7. Cuando se pretenda fundar el tratamiento de los datos en el consentimiento del afectado para una pluralidad de finalidades:

a) Será preciso que conste de manera específica e inequívoca que dicho consentimiento se otorga para todas ellas.
b) Será necesario demostrar que el afectado consintió expresamente e inequívocamente en alguna de las finalidades y, que el resto de finalidades están claramente relacionadas con aquella.
c) El responsable debe demostrar la adecuación de las distintas finalidades a un único objeto.
d) El consentimiento del afectado sólo puede afectar a una finalidad. Cada finalidad precisa un consentimiento propio e independiente.

8. Conforme al principio de limitación de la finalidad, los datos personales serán recogidos con fines determinados, explícitos y:

a) Limitados.
b) Transparentes.

c) Compatibles.
d) Legítimos.

9. Según el artículo 8.1 de la LO 3/2018, el tratamiento de datos personales solo podrá considerarse fundado en el cumplimiento de una obligación legal exigible al responsable:

a) Cuando así lo prevea una norma de Derecho de la Unión Europea o una norma con rango de ley.
b) Cuando el tratamiento se considere una misión realizada en interés público.
c) Cuando se trate del ejercicio de poderes públicos conferidos al responsable.
d) Cuando el responsable sea un órgano u organismo público.

10. Conforme al artículo 9 de la LO 3/2018, de 5 de diciembre, de Protección de Datos Personales y garantía de los derechos digitales, cuál de los siguientes trata-mientos de categorías especiales de datos fundados en el Derecho español deberá estar amparado en una norma con rango de ley:

a) Tratamiento necesario con fines de archivo en interés público, fines de investiga-ción científica o histórica.
b) Tratamiento efectuado, en el ámbito de sus actividades legítimas y con las debidas garantías, por una fundación, una asociación o cualquier otro organismo sin ánimo de lucro, cuya finalidad sea política, filosófica, religiosa o sindical, siempre que el tratamiento se re-fiera exclusivamente a los miembros actuales o antiguos de tales organismos o a personas que mantengan contactos regulares con ellos en relación con sus fines y siempre que los datos personales no se comuniquen fuera de ellos sin el consentimiento de los interesados.
c) Tratamiento necesario para fines de medicina preventiva o laboral, evaluación de la capacidad laboral del trabajador, diagnóstico médico, prestación de asistencia o tra-tamiento de tipo sanitario o social, o gestión de los sistemas y servicios de asistencia sanitaria y social.
d) Tratamiento referido a datos personales que el interesado ha hecho manifiesta-mente públicos.

11. Uno de los objetos de la Ley Orgánica 3/2018, de 5 de diciembre, de Protec-ción de Datos Personales y garantía de los derechos digitales, es:

a) Adaptar el ordenamiento jurídico español al Reglamento General de Protección de Datos y completar sus disposiciones.
b) Establecer las normas relativas a la protección de las personas físicas en lo que res-pecta al tratamiento de los datos personales y las normas relativas a la libre circulación de tales datos.
c) Adaptar el Reglamento General de Protección de Datos al ordenamiento jurídico español y completar sus disposiciones.
d) Garantizar la seguridad de la transferencia de datos entre países de la Unión Europea.

12. La LO 3/2018, de 5 de diciembre, de Protección de Datos Personales y garantía de los derechos digitales, tiene por objeto garantizar los derechos digitales de la ciudadanía conforme al mandato del artículo de la Constitución:

a) 9.2.
b) 10.1.
c) 18.4.
d) 20.4.

13. Señala la opción incorrecta. Conforme al artículo 11.3 de la LO 3/2018, la información básica que el responsable del tratamiento ha de facilitar al afectado, cuando los datos personales se hayan obtenido de éste, debe contener obligatoriamente:

a) La finalidad del tratamiento.
b) La identidad del responsable del tratamiento y de su representante, en su caso.
c) La posibilidad de ejercer los derechos establecidos en los artículos 15 a 22 del RGPD.
d) Las categorías de datos objeto de tratamiento.

14. Según el artículo 7.1 de la LO 3/2018, el tratamiento de los datos personales de un menor de edad únicamente podrá fundarse en su consentimiento cuando sea mayor de:

a) 12 años.
b) 13 años.
c) 14 años.
d) 16 años.

15. El derecho a la portabilidad de los datos:

a) Se podrá aplicar a los tratamientos que sean necesario para el cumplimiento de una misión realizada en interés público o en el ejercicio de poderes públicos conferidos al responsable del tratamiento.
b) A diferencia de otros derechos, podrá afectar negativamente a los derechos y libertades de otros.
c) Supone la obligación de que, en todo caso, los datos personales se transmitan directamente de responsable a responsable.
d) Requiere que el tratamiento se efectúe por medios automatizados.

16. Conforme al artículo 12 de la LO 3/2018, los derechos reconocidos en los artículos 15 a 22 del RGPD:

a) Sólo podrán ser ejercidos directamente por el afectado.
b) Deberán ejercerse bien directamente por el afectado o por representante legal.
c) Deberán ejercerse bien directamente por el afectado o por representante voluntario.
d) Podrán ejercerse directamente o por medio de representante legal o voluntario.

17. Según el artículo 12.4 de la LO 3/2018, la prueba del cumplimiento del deber de responder a la solicitud de ejercicio de sus derechos formulado por el afectado recaerá:

a) Sobre el responsable del tratamiento.
b) Sobre el encargado del tratamiento.
c) Bien sobre el responsable o bien sobre el encargado.
d) Sobre el representante legal del afectado.

18. En virtud del artículo 12 de la LO 3/2018 es cierto, en relación a los medios para que el afectado pueda ejercer sus derechos, que:

a) El encargado del tratamiento estará obligado a informar al afectado sobre los medios a su disposición para ejercer los derechos que le corresponden.
b) Los medios deberán ser consensuados con los afectados antes de poner en marcha el tratamiento.
c) Los medios deberán ser fácilmente accesibles para el afectado.
d) El ejercicio del derecho podrá ser denegado cuando el afectado opte por otro medio.

19. Señala la opción incorrecta. El artículo 15 del RGPD dispone que el interesado tendrá derecho a obtener del responsable del tratamiento confirmación de si se están tratando o no datos personales que le conciernen y, en tal caso, derecho de acceso a los datos personales y a información sobre la existencia de decisiones automatizadas, incluida la elaboración de perfiles, y, al menos en tales casos, información significativa sobre:

a) Los demás interesados afectados por las decisiones.
b) La lógica aplicada.
c) La importancia del tratamiento.
d) Las consecuencias previstas de dicho tratamiento.

20. Conforme al artículo 16 del RGPD, teniendo en cuenta los fines del tratamiento, el interesado tendrá derecho a que se completen los datos personales que sean incompletos, inclusive mediante:

a) Levantamiento de acta.
b) Certificación de modificación.
c) Una declaración adicional.
d) Elaboración de anexos.

En MADTEST tienes **más preguntas de este tema**, y todos tus avances quedan registrados y se reflejan en el ranking.

¡Supera tus límites con MADTEST!

Solución al test n.º 4

1. c) Si el plazo se fija en años, concluirá el mismo día en que se produjo el hecho que determina su iniciación en el año de vencimiento.

2. b) Título II.

3. d) Por Real Decreto.

4. a) Actualizados.

5. c) Los responsables y encargados del tratamiento de datos así como todas las personas que intervengan en cualquier fase de este.

6. c) Inequívoca.

7. a) Será preciso que conste de manera específica e inequívoca que dicho consentimiento se otorga para todas ellas.

8. d) Legítimos.

9. a) Cuando así lo prevea una norma de Derecho de la Unión Europea o una norma con rango de ley.

10. c) Tratamiento necesario para fines de medicina preventiva o laboral, evaluación de la capacidad laboral del trabajador, diagnóstico médico, prestación de asistencia o tratamiento de tipo sanitario o social, o gestión de los sistemas y servicios de asistencia sanitaria y social.

11. a) Adaptar el ordenamiento jurídico español al Reglamento General de Protección de Datos y completar sus disposiciones.

12. c) 18.4.

13. d) Las categorías de datos objeto de tratamiento.

14. c) 14 años.

15. d) Requiere que el tratamiento se efectúe por medios automatizados.

16. d) Podrán ejercerse directamente o por medio de representante legal o voluntario.

17. a) Sobre el responsable del tratamiento.

18. c) Los medios deberán ser fácilmente accesibles para el afectado.

19. a) Los demás interesados afectados por las decisiones.

20. c) Una declaración adicional.

TEST N.º 5

La Ley 41/2002, de 14 de noviembre, básica reguladora de la autonomía del paciente y derechos y obligaciones en materia de información y documentación clínica. Principios generales (Capítulo I); El derecho a la intimidad (Capítulo III); El respeto de la autonomía del paciente (Capítulo IV)

1. La Ley 41/2002, de 14 de noviembre, básica reguladora de la autonomía del paciente y de derechos y obligaciones en materia de información y documentación clínica, se estructura en:

a) 23 artículos ordenados en 6 Capítulos, 5 Disposiciones Adicionales, 1 Disposición Transitoria, una Disposición Derogatoria y una Disposición Final.

b) 24 artículos ordenados en 5 Capítulos, 6 Disposiciones Adicionales, 1 Disposición Transitoria, una Disposición Derogatoria y una Disposición Final.

c) 23 artículos ordenados en 6 Capítulos, 6 Disposiciones Adicionales, 1 Disposición Transitoria, una Disposición Derogatoria y una Disposición Final.

d) 24 artículos ordenados en 5 Capítulos, 5 Disposiciones Adicionales, 1 Disposición Transitoria, una Disposición Derogatoria y una Disposición Final.

2. Según dispone el art. 6 de la Ley 41/2002, el derecho a conocer los problemas sanitarios de la colectividad cuando impliquen un riesgo para la salud pública o para su salud individual, es un derecho en materia de:

a) Información sanitaria epidemiológica.

b) Información de los servicios del Sistema Nacional de Salud.

c) Información sanitaria asistencial.

d) Información al alta.

3. ¿Cómo define la Ley 41/2002, de 14 de noviembre a la conformidad libre, voluntaria y consciente de un paciente, manifestada en el pleno uso de sus facultades después de recibir la información adecuada, para que tenga lugar una actuación que afecta a su salud?

a) Conformidad objetiva.

b) Consentimiento informado.

c) Consentimiento expreso.
d) Consentimiento tácito.

4. Tal y como establece la Ley 41/2002, de Autonomía del Paciente, en caso de que el paciente no acepte el tratamiento se le propondrá que firme el alta voluntaria y si no la firma la Dirección del Centro:

a) Puede disponer el alta forzosa.
b) Firmará en su nombre el alta involuntaria.
c) Mantendrá el ingreso por periodo mínimo de cinco días naturales.
d) No está reconocida la negativa al tratamiento de los pacientes.

5. La Ley de Autonomía del Paciente reconoce el derecho a que se respeten los deseos expresados anteriormente en el:

a) Testamento vital.
b) Documento de voluntades anticipadas.
c) Documento de instrucciones previas.
d) Documento de instrucciones preliminares.

6. Indica la proposición incorrecta en relación con los requisitos del consentimiento:

a) Debe ser libre.
b) Debe ser voluntario.
c) La decisión de consentir debe anteceder a una información adecuada.
d) La persona que lo presta debe tener capacidad para conocer, comprender y querer el alcance de su decisión.

7. Uno de los fundamentos éticos del consentimiento informado es el principio de autonomía. En aplicación del mismo el profesional sanitario tiene el deber de:

a) Evitar el mal del paciente.
b) Hacer el bien al paciente.
c) Respetar la libre determinación del paciente.
d) Actuar sin discriminación.

8. Según establece la Ley de Autonomía del Paciente, el consentimiento se prestará por escrito en el caso de:

a) Realización de una actuación sanitaria en el paciente.
b) Aplicación en el paciente de un procedimiento no invasor.
c) Intervención quirúrgica.
d) Aplicación de procedimientos de imprevisible repercusión negativa sobre la salud del paciente.

9. En relación con el Documento de Consentimiento Informado:

a) Existe un formato unificado en el Sistema Nacional de Salud.

b) Cada Área Sanitaria fijará el suyo.

c) Las Administraciones Sanitarias, Servicios Sanitarios, Sociedades Científicas, Centros Hospitalarios, etc., fijan el que consideran más adecuado en el ámbito de sus competencias.

d) Es cierta la c), siempre que contenga tres partes: Preámbulo, Cuerpo e Intervención.

10. Según determina la Ley 41/2002, el paciente tiene derecho a recibir un informe de alta:

a) Solo si ha existido ingreso hospitalario.

b) A la finalización del proceso asistencial.

c) En cuyo contenido mínimo habrán de figurar, entre otros, datos de información sanitaria epidemiológica.

d) Previa solicitud.

11. Conforme a los criterios de la Ley 41/2002, el reconocimiento legal de que el ciudadano debe recibir información suficiente y adecuada sobre los problemas sanitarios de la comunidad que impliquen un riesgo para su salud es una manifestación de su derecho:

a) A la información sanitaria epidemiológica.

b) A la información sanitaria asistencial.

c) A la intimidad.

d) A la autonomía.

12. Señala una de las obligaciones de los profesionales sanitarios descritas en el artículo 23 de la Ley 41/2002, de 14 de noviembre, básica reguladora de la autonomía del paciente y de derechos y obligaciones en materia de información y documentación clínica:

a) Cumplimentar los protocolos, registros, informes, estadísticas y demás documentación asistencial o administrativa, que guarden relación con los procesos clínicos en los que intervienen.

b) Cumplimentar los protocolos, registros, informes, estadísticas y demás documentación asistencial o administrativa que requieran los centros o servicios de salud competentes y las autoridades sanitarias.

c) Cumplimentar los protocolos, registros, informes, estadísticas y demás documentación asistencial o administrativa relacionados con la investigación médica y la información epidemiológica.

d) Todas las respuestas son correctas.

13. Todo paciente o usuario tiene derecho a negarse al tratamiento, excepto en los casos determinados en la Ley. Su negativa al tratamiento:

a) Deberá constar por escrito.
b) Deberá hacerlo constar expresa o tácitamente.
c) Deberá hacerlo constan ante dos testigos.
d) Deberá hacerlo constar ante dos testigos y un profesional sanitario.

14. Señala uno de los deberes de información y documentación clínica que han de cumplir los profesionales sanitarios establecido por la Ley 41/2002:

a) Respetar las decisiones adoptadas libre y voluntariamente por el paciente.
b) Cooperar en la creación y el mantenimiento de una documentación clínica ordenada y secuencial del proceso asistencial de los pacientes.
c) Prestar correctamente sus técnicas.
d) Todas las respuestas son correctas.

15. ¿Cómo define la Ley 41/2002, de 14 de noviembre, básica reguladora de la autonomía del paciente y de derechos y obligaciones en materia de información y documentación clínica, al soporte de cualquier tipo o clase que contiene un conjunto de datos e informaciones de carácter asistencial?

a) Documentación clínica.
b) Historia clínica.
c) Información clínica.
d) Dossier sanitario.

16. A tenor de lo dispuesto en el art. 12 de la Ley 41/2002, el derecho a la información previa a la elección de médico y centro en los términos y condiciones establecidos por los Servicios de Salud, es un derecho en materia de:

a) Información sanitaria epidemiológica.
b) Información de los servicios del Sistema Nacional de Salud.
c) Información sanitaria asistencial.
d) Información al alta.

17. ¿Qué documento debe emitir el médico responsable al finalizar un proceso asistencial de un paciente?

a) Certificado médico general.
b) Historia clínica completa.
c) Informe de alta médica.
d) Parte de ingreso hospitalário.

18. Según la Ley 41/2002, ¿quién es el titular del derecho a la información asistencial?

a) El representante legal del paciente.
b) El médico responsable del paciente.

c) El paciente.
d) La persona vinculada al paciente por razones familiares.

19. ¿Cuál de las siguientes opciones forma parte del contenido mínimo de la historia clínica, únicamente en casos de hospitalización o si así se dispone expresamente?

a) Evolución y planificación de cuidados de enfermería.
b) Hoja clínico-estadística.
c) Informe de anestesia.
d) Exploración física.

20. ¿En qué supuesto se puede limitar el derecho a la información del paciente, según el art. 5 de la Ley 41/2002?

a) Cuando lo decida la familia del paciente.
b) Cuando el médico lo considere innecesario.
c) Cuando exista una necesidad terapéutica acreditada.
d) Cuando el tratamiento sea gratuito.

En MADTEST tienes **más preguntas de este tema**, y todos tus avances quedan registrados y se reflejan en el ranking.

¡Supera tus límites con MADTEST!

Solución al test n.º 5

1. c) 23 artículos ordenados en 6 Capítulos, 6 Disposiciones Adicionales, 1 Disposición Transitoria, una Disposición Derogatoria y una Disposición Final.

2. a) Información sanitaria epidemiológica.

3. b) Consentimiento informado.

4. a) Puede disponer el alta forzosa.

5. c) Documento de instrucciones previas.

6. c) La decisión de consentir debe anteceder a una información adecuada.

7. c) Respetar la libre determinación del paciente.

8. c) Intervención quirúrgica.

9. c) Las Administraciones Sanitarias, Servicios Sanitarios, Sociedades Científicas, Centros Hospitalarios, etc., fijan el que consideran más adecuado en el ámbito de sus competencias.

10. b) A la finalización del proceso asistencial.

11. a) A la información sanitaria epidemiológica.

12. d) Todas las respuestas son correctas.

13. a) Deberá constar por escrito.

14. d) Todas las respuestas son correctas.

15. a) Documentación clínica.

16. b) Información de los servicios del Sistema Nacional de Salud.

17. c) Informe de alta médica.

18. c) El paciente.

19. c) Informe de anestesia.

20. c) Cuando exista una necesidad terapéutica acreditada.

TEST N.º 6

Ley 55/2003, de 16 de diciembre, del Estatuto Marco del Personal Estatutario de los Servicios de Salud: objeto y ámbito de aplicación; clasificación de personal estatutario; derechos y deberes; situaciones; incompatibilidades; régimen disciplinario. Decreto 72/2013, de 11 de septiembre, por el que se aprueba el Reglamento de jornada, horario, vacaciones y permisos de los funcionarios de la Administración del Principado de Asturias, sus organismos y entes públicos (Capítulos I a VI)

1. El Estatuto Marco clasifica al personal estatutario de los servicios de salud, atendiendo a la función desarrollada, al nivel del título exigido para el ingreso y al tipo de su nombramiento en:

a) Personal estatutario sanitario y personal estatutario de gestión y servicios.
b) Personal estatutario facultativo, personal estatutario sanitario y personal no sanitario.
c) Personal estatutario de gestión y servicios y personal estatutario facultativo.
d) Todas las respuestas son correctas.

2. El personal estatutario con nombramiento expedido para el ejercicio de una profesión o especialidad sanitaria se denomina:

a) Personal sanitario.
b) Otro personal.
c) Personal de mantenimiento.
d) Personal de gestión y servicios.

3. El personal estatutario con nombramiento expedido para el desempeño de funciones de gestión o para el desempeño de profesiones u oficios que no tengan carácter sanitario se denomina:

a) Personal universitario.
b) Personal de gestión y servicios.
c) Personal directivo.
d) Personal administrativo.

4. Según establece el art. 8 de la Ley 55/2003, de 16 de diciembre, del Estatuto Marco de los Servicios de Salud, es personal estatutario fijo:

a) El que, una vez superado el correspondiente proceso selectivo, obtiene un nombramiento para el desempeño, con carácter permanente, de las funciones que de tal nombramiento se deriven.

b) Todo el personal al servicio de los Servicios de Salud.

c) El personal que realice una prestación de servicios determinados de naturaleza temporal, coyuntural o extraordinaria.

d) El personal en posesión de un contrato laboral indefinido.

5. Conforme al artículo 9.1 del Estatuto Marco (*en redacción dada por el Real Decreto-ley 12/2022, de 5 de julio, por el que se modifica la Ley 55/2003, de 16 de diciembre, del Estatuto Marco del personal estatutario de los servicios de salud*) los nombramientos del Personal Estatutario Temporal de los Servicios de Salud serán:

a) Únicamente de Personal Estatutario Sanitario.

b) Personal Estatutario Contratado.

c) De interinidad.

d) Como Personal Laboral.

6. Conforme al artículo 6.2 de la Ley 55/2003, de 16 de diciembre, del Estatuto Marco del personal estatutario de los servicios de salud, atendiendo al nivel académico del título exigido para el ingreso, el personal estatutario sanitario de formación profesional se divide en:

a) Técnicos sanitarios y Auxiliares de Enfermería.

b) Técnicos superiores y Técnicos.

c) Técnicos superiores y Técnicos de gestión.

d) Técnicos especialistas y Técnicos.

7. La categoría profesional de Celador está comprendida dentro del grupo de:

a) Personal de gestión y servicios.

b) Personal no estatutario.

c) Personal estatutario sanitario.

d) Personal estatutario de formación profesional.

8. Es personal Estatutario Sanitario:

a) El que ejerce una profesión o especialidad sanitaria.

b) El que ostenta esta condición en virtud de nombramiento expedido para el ejercicio de una profesión o especialización sanitaria.

c) El que desempeña una categoría clasificada como sanitaria.

d) Quien ejerza una profesión sanitaria sin ostentar la condición de funcionario.

9. El personal Estatutario de Gestión y Servicio se clasifica en función del título exigido para el ingreso en:

a) Personal de formación universitaria, personal de formación profesional y otro personal.
b) Personal universitario, personal de formación profesional y personal subalterno.
c) Personal licenciado universitario, personal de administración y personal auxiliar.
d) Ninguna es correcta.

10. En el supuesto de existencia de plaza vacante, son estatutarios interinos los que, por razones expresamente justificadas de necesidad y urgencia, son nombrados como tales con carácter temporal para el desempeño de funciones propias de estatutarios, cuando no sea posible su cobertura por personal estatutario fijo, durante un plazo máximo de:

a) Dos años.
b) Tres años.
c) Cuatros años.
d) Seis años.

11. El incumplimiento del plazo máximo de permanencia dará lugar a una compensación económica para el personal estatutario temporal afectado, que será equivalente a:

a) Veinte días de sus retribuciones fijas por año de servicio.
b) Veinte días de su sueldo, más trienios y complemento de destino por año de servicio.
c) Veinte días de todas sus retribuciones por año de servicio.
d) Veinte días de su sueldo por año de servicio.

12. El objetivo de constituir un ámbito de diálogo e información de carácter laboral, así como de promover el desarrollo armónico de los recursos humanos del Sistema Nacional de Salud, se articula a través de:

a) El Consejo Interterritorial del Sistema Nacional de Salud.
b) La Comisión de Recursos Humanos del Sistema Nacional de Salud.
c) La Consejería de Salud de la correspondiente Comunidad Autónoma.
d) El Foro Marco para el Diálogo Social.

13. No constituye un derecho individual del personal estatutario:

a) La estabilidad en el empleo.
b) La movilidad voluntaria.
c) El descanso necesario.
d) La negociación colectiva.

14. El régimen de derechos del personal estatutario será aplicable al personal temporal:

a) En la medida en que la naturaleza del derecho lo permita.
b) En todo caso.

c) En ningún caso.

d) Solo cuando así se establezca en su nombramiento.

15. En relación con los derechos y deberes regulados en el Estatuto Marco, no se considera un derecho colectivo:

a) La huelga.

b) La actividad sindical.

c) La reunión.

d) La estabilidad en el empleo.

16. Para poder obtener la excedencia voluntaria por interés particular es necesario haber prestado servicios efectivos en cualquiera de las Administraciones Públicas durante:

a) Los cinco años inmediatamente anteriores.

b) Los cuatro años inmediatamente anteriores.

c) El año inmediatamente anterior.

d) No se exige periodo mínimo de prestación efectiva de servicios.

17. ¿Qué tiempo máximo puede estar un trabajador en una situación de suspensión de funciones por sanción disciplinaria?

a) 6 años.

b) 1 mes.

c) 1 año.

d) 5 años.

18. En el Estatuto Marco se establece que el personal estatutario en comisión de servicios percibirá las retribuciones:

a) Correspondientes a las funciones especiales que realice en el puesto de destino.

b) De su plaza o puesto de origen.

c) Proporcional a cada Centro.

d) Correspondientes a la plaza o puesto efectivamente desempeñado, salvo que sean inferiores a las que correspondan por la plaza de origen, en cuyo caso se percibirán estas.

19. Según el Estatuto Marco entre las situaciones administrativas del personal estatutario puede estar:

a) Servicio preferente en otra Comunidad Autónoma.

b) En régimen de cesión en la Administración General de Estado.

c) Destacado en los Servicios provinciales de las Delegaciones de Hacienda.

d) Suspensión de funciones.

20. Según establece la Ley 55/2003, de 16 de diciembre, del Estatuto Marco del personal estatutario de los servicios de salud es falta muy grave:

a) La falta de obediencia debida a los superiores.

b) El descuido en el cumplimiento de las disposiciones expresas sobre seguridad y salud.

c) La aceptación de cualquier tipo de contraprestación por los servicios prestados a los usuarios de los servicios de salud.

d) La falta de asistencia durante más de cinco días continuados sin autorización ni causa justificada.

En MADTEST tienes **más preguntas de este tema,** y todos tus avances quedan registrados y se reflejan en el ranking.

¡Supera tus límites con MADTEST!

Solución al test n.º 6

1. a) Personal estatutario sanitario y personal estatutario de gestión y servicios.

2. a) Personal sanitario.

3. b) Personal de gestión y servicios.

4. a) El que, una vez superado el correspondiente proceso selectivo, obtiene un nombramiento para el desempeño, con carácter permanente, de las funciones que de tal nombramiento se deriven.

5. c) De interinidad.

6. b) Técnicos superiores y Técnicos.

7. a) Personal de gestión y servicios.

8. b) El que ostenta esta condición en virtud de nombramiento expedido para el ejercicio de una profesión o especialización sanitaria.

9. a) Personal de formación universitaria, personal de formación personal y otro personal.

10. b) Tres años.

11. a) Veinte días de sus retribuciones fijas por año de servicio.

12. d) El Foro Marco para el Diálogo Social.

13. d) La negociación colectiva.

14. a) En la medida en que la naturaleza del derecho lo permita.

15. d) La estabilidad en el empleo.

16. a) Los cinco años inmediatamente anteriores.

17. a) 6 años.

18. d) Correspondientes a la plaza o puesto efectivamente desempeñado, salvo que sean inferiores a las que correspondan por la plaza de origen, en cuyo caso se percibirán estas.

19. d) Suspensión de funciones.

20. d) La falta de asistencia durante más de cinco días continuados sin autorización ni causa justificada.

Ley Orgánica 7/1981, de 30 de diciembre, del Estatuto de Autonomía del Principado de Asturias: Título Preliminar; de los órganos institucionales del Principado de Asturias (Título II)

1. La Comunidad Autónoma del Principado de Asturias se constituyó a través de la vía:

a) Del artículo 151 CE.
b) Del artículo 155 CE.
c) De la Ley Orgánica 1/99.
d) Del artículo 143 CE.

2. Indica la respuesta correcta respecto a las siguientes afirmaciones que se regulan en el Estatuto de Autonomía del Principado de Asturias:

a) El término del Concejo coincide con la tradicional Parroquia rural.
b) Todas las instituciones oficiales del Principado de Asturias se encuentran en Oviedo.
c) El himno de la Comunidad Autónoma del Principado de Asturias es la canción "Asturias, Patria querida".
d) El Bable es el idioma oficial del Principado de Asturias.

3. El municipio asturiano coincide con la denominación tradicional de:

a) Parroquia.
b) Área metropolitana.
c) Comarca.
d) Concejo.

4. Según el Estatuto de Autonomía de Asturias, gozan de la condición política de asturianos:

a) Cualquiera que tenga vecindad en alguno de los Concejos de Asturias.
b) Los nacidos en Asturias, cualquiera que sea el lugar donde residan.
c) Los ciudadanos españoles que tengan vecindad administrativa en el territorio de la Comunidad.
d) Quienes hayan nacido en Asturias y acrediten esta condición en cualquier Administración Pública de España.

5. Conforme al Estatuto de Autonomía del Principado de Asturias, las disposiciones del Consejo de Gobierno que contienen legislación delegada reciben el título de:

a) Decretos legislativos.
b) Decretos Leyes.
c) Leyes orgánicas.
d) Reglamentos.

6. La Junta General del Principado de Asturias podrá delegar en el Consejo de Gobierno la potestad de:

a) Aprobar las leyes presupuestarias.
b) Dictar leyes y Acuerdos, siempre que estos requieran para su aprobación de mayoría cualificada.
c) Dictar Acuerdos pero no leyes.
d) Dictar normas con rango de ley.

7. La delegación legislativa que realice la Junta General del Principado de Asturias será siempre en favor de:

a) Su Consejo de Gobierno.
b) Su Presidente.
c) Cualquier autoridad de la Comunidad Autónoma.
d) Cualquiera de los miembros que la componen.

8. Según el Estatuto de Autonomía de Asturias, la delegación legislativa cuyo objeto sea la formación de textos articulados deberá otorgarse mediante:

a) Decreto legislativo.
b) Ley de bases.
c) Ley ordinaria.
d) Cualquier disposición, sin forma concreta.

9. Y cuando la delegación legislativa trate de refundir varios textos legales en uno solo, se hará mediante:

a) Acuerdo.
b) Ley de bases.
c) Ley ordinaria.
d) Decreto legislativo.

10. La facultad para oponerse a la tramitación por la Junta General del Principado de Asturias de una proposición de ley o una enmienda contraria a una delegación legislativa en vigor, corresponde:

a) Al Presidente del Principado de Asturias.
b) Al Consejo de Gobierno.

c) A la Junta de Gobierno.
d) Al Presidente y a la Junta de Gobierno, según los casos.

11. Según el Estatuto de Autonomía del Principado de Asturias, el número de miembros que componen la Junta General será de:

a) Entre 35 y 45.
b) Entre 39 y 41.
c) 30.
d) 45 más dos por cada circunscripción electoral.

12. La disolución anticipada al término natural de la legislatura de la Junta General será acordada por Decreto que dicte:

a) El Presidente de la Mesa de la Cámara.
b) El Consejo de Gobierno, por mayoría de dos tercios de sus miembros.
c) El Presidente del Principado de Asturias.
d) La propia Junta General.

13. Señala la respuesta incorrecta respecto al momento en el que no se podrá acordar por Decreto la disolución de la Junta General del Principado de Asturias:

a) Durante el primer período de sesiones de la legislatura.
b) Si se encuentra en tramitación una cuestión de confianza.
c) Cuando reste menos de un año para la terminación de la legislatura.
d) Antes de que transcurra el plazo de un año desde la última disolución.

14. Por regla general, las elecciones convocadas por el Presidente del Principado de Asturias se celebran:

a) Siempre el cuarto domingo de mayo de cada cuatro años.
b) Una vez, al menos, cada cuatro años.
c) Dentro de los quince días siguientes a la convocatoria de elecciones.
d) El cuarto domingo de mayo del año siguiente a la disolución de la Cámara.

15. ¿Cuántos periodos de sesiones ordinarias anuales celebra la Junta General del Principado de Asturias?

a) Tres.
b) Cuatro.
c) Dos.
d) Uno.

16. ¿A quiénes de los siguientes no se les reconoce estatutariamente legitimación para solicitar la celebración de una sesión extraordinaria de la Junta General de Asturias?

a) Al Consejo de Gobierno.
b) Al Presidente del Principado de Asturias.
c) A la Diputación Permanente.
d) A la cuarta parte de sus miembros.

17. La Junta General del Principado funciona:

a) En Comisión permanente y en Comisión especial.
b) En Diputación permanente, especial y de Investigación.
c) En Pleno y en Diputación permanente o de investigación.
d) En Pleno y en Comisiones, sean permanentes o especiales.

18. Cuando la Junta General del Principado no esté reunida o hubiere expirado su mandato, su actividad se encomienda a:

a) La Mesa de la misma.
b) Su Consejo de Gobierno.
c) La Comisión Permanente.
d) La Diputación Permanente.

19. Transcurrido el plazo de dos meses a partir de la constitución de la Junta General del Principado de Asturias sin que ningún candidato a Presidente hubiera sido elegido:

a) Se nombrará provisionalmente al que haya obtenido más votos.
b) Se disolverá la Cámara y se convocarán nuevas elecciones.
c) Se celebrará nueva votación en el que se elegirá al que obtenga mayoría simple.
d) Se designará al miembro más antiguo de la Cámara.

20. No es función del Presidente del Principado de Asturias:

a) Ser Presidente del Consejo de Gobierno.
b) Ostentar la representación ordinaria del Estado en la Comunidad Autónoma.
c) Designar y separar a los consejeros.
d) Ejercitar la iniciativa legislativa.

En MADTEST tienes **más preguntas de este tema**, y todos tus avances quedan registrados y se reflejan en el ranking.

¡Supera tus límites con MADTEST!

Solución al test n.º 7

1. d) Del artículo 143 CE.

2. c) El himno de la Comunidad Autónoma del Principado de Asturias es la canción "Asturias, Patria querida".

3. d) Concejo.

4. c) Los ciudadanos españoles que tengan vecindad administrativa en el territorio de la Comunidad.

5. a) Decretos legislativos.

6. d) Dictar normas con rango de ley.

7. a) Su Consejo de Gobierno.

8. b) Ley de bases.

9. c) Ley ordinaria.

10. b) Al Consejo de Gobierno.

11. a) Entre 35 y 45.

12. c) El Presidente del Principado de Asturias.

13. b) Si se encuentra en tramitación una cuestión de confianza.

14. b) Una vez, al menos, cada cuatro años.

15. c) Dos.

16. b) Al Presidente del Principado de Asturias.

17. d) En Pleno y en Comisiones, sean permanentes o especiales.

18. d) La Diputación Permanente.

19. b) Se disolverá la Cámara y se convocarán nuevas elecciones.

20. d) Ejercitar la iniciativa legislativa.

TEST N.º 8

Ley 7/2019, de 29 de marzo, de Salud. Estructura Orgánica y Funcionamiento (Sección Primera, Capítulo Dos del Título IX). Organización Territorial del Servicio de Salud del Principado de Asturias (Capítulo III del Decreto 123/2025, de 11 de diciembre, por el que se establece la estructura orgánica básica de los órganos de dirección y gestión del Servicio de Salud del Principado de Asturias)

1. Dentro de la "Estructura orgánica y funcionamiento" del Sespa, y atendiendo a la clasificación de órganos centrales, ¿cuál de las siguientes enumeraciones reproduce sin alterar el sentido lo que se reconoce expresamente como órganos centrales, incluyendo la cláusula abierta que permite ampliación reglamentaria?

a) El Consejo de Administración, la Dirección Gerencia, el Consejo de Dirección y los órganos que se determinen reglamentariamente como órganos centrales del Sespa.

b) El Consejo de Salud del Principado, la Dirección General competente en sanidad, el Consejo de Dirección y los órganos que se designen por el Consejo de Gobierno.

c) La Gerencia de Área, la Comisión de Dirección del Área, el Consejo de Administración y los órganos directivos de los Servicios Centrales que se definan en plantillas orgánicas.

d) El Consejo de Administración, la Secretaría General, la Dirección Económica y de Profesionales y los órganos de participación comunitaria que se creen por decreto.

2. Respecto a la composición del Consejo de Administración, señala la opción que describe correctamente quién ostenta la vicepresidencia, sin mezclarlo con vocalías ni con designaciones de otros órganos.

a) La persona titular de la Dirección Gerencia del Sespa, por ser el órgano de dirección y gestión que ejecuta los acuerdos del Consejo de Administración.

b) El Director General que designe el Consejero competente en materia de sanidad, actuando como vicepresidencia en el Consejo de Administración.

c) Dos miembros designados por las consejerías competentes en función pública y en materia económica y presupuestaria, alternándose la vicepresidencia por anualidades.

d) Tres miembros designados por la Junta General del Principado de Asturias entre personas cualificadas, que asumen vicepresidencia colegiada por turnos.

3. En relación con la representación de intereses sociales y profesionales en el Consejo de Administración del Sespa, existe un bloque específico de vocalías cuya designación responde a criterios de participación institucional y representación colectiva. ¿Cuál de las siguientes opciones describe correctamente ese bloque concreto y el procedimiento de designación asociado, sin confundirlo con otros ámbitos de representación?

a) Cuatro representantes de las organizaciones sindicales más representativas en el ámbito sanitario, designados directamente por el Consejo de Gobierno a propuesta del Consejero competente en sanidad.

b) Dos representantes de las organizaciones sindicales más representativas en el ámbito sanitario, designados conforme a la normativa vigente en materia de representatividad sindical.

c) Dos representantes de las organizaciones profesionales sanitarias colegiadas, elegidos mediante votación entre los colegios oficiales del Principado de Asturias.

d) Tres representantes de asociaciones de pacientes y usuarios, designados por el Consejo de Salud del Principado para garantizar la participación comunitaria.

4. Sobre la Secretaría del Consejo de Administración, ¿qué afirmación es la única plenamente en lo relativo a designación y régimen de voz y voto?

a) La Secretaría la desempeña la persona titular de la Secretaría General del Sespa, con voz y voto para garantizar la coherencia técnica de los acuerdos.

b) La Secretaría recae en un representante sindical designado por criterios de proporcionalidad, con voz pero sin voto en todas las sesiones ordinarias.

c) La Secretaría la asume el Director Gerente del Sespa cuando no asiste el Consejero competente en sanidad, con voto dirimente en caso de empate.

d) La persona responsable de la Secretaría es designada por el Consejero competente en materia de sanidad y actúa con voz y sin voto.

5. En relación con la duración del mandato de determinadas vocalías del Consejo de Administración del Sespa, ¿cuál de las siguientes opciones indica correctamente el período para el que son designadas?

a) Determinadas vocalías del Consejo de Administración se designan por un período de cuatro años.

b) Todas las vocalías del Consejo de Administración se designan por un período de dos años, sin posibilidad de renovación.

c) Las vocalías se designan por un período de seis años, coincidiendo con la legislatura autonómica.

d) Las vocalías se designan por tiempo indefinido mientras no se produzca su renuncia expresa.

6. En materia de incompatibilidades para ser miembro del Consejo de Adminis-tración, ¿qué enunciado recoge de forma más fiel y completa el alcance de la incom-patibilidad, incluyendo el elemento clave de la gestión indirecta?

a) Es incompatible mantener cualquier relación laboral activa con el Sespa, incluso como personal estatutario, para evitar conflictos internos de interés.

b) Es incompatible cualquier vinculación con empresas o entidades relacionadas con suministro o dotación de material sanitario y productos farmacéuticos, así como relación laboral en activo en centros que presten servicios mediante concierto, convenio u otra fórmula de gestión indirecta con el Sespa.

c) Es incompatible tener participación accionarial en entidades privadas sanitarias, pero solo cuando el volumen de facturación con el Sespa supere el 50% del total anual.

d) Es incompatible haber ocupado cargos directivos sanitarios en los últimos cuatro años, salvo autorización expresa del Consejero competente en sanidad.

7. Dentro de las funciones del Consejo de Administración, ¿cuál de las siguientes identifica correctamente una función que implica propuesta a la Consejería compe-tente en sanidad para su elevación posterior a otro órgano, y además concreta el objeto de dicha propuesta?

a) Ratificar el nombramiento y cese de los miembros de los Consejos de salud de las Áreas, a propuesta de las respectivas representaciones, como cierre del ciclo de partici-pación territorial.

b) Aprobar la memoria anual del Sespa, integrando resultados asistenciales y de ges-tión para su publicación oficial en el Portal de Transparencia.

c) Proponer a la Consejería competente en sanidad, para su elevación al Consejo de Gobierno, el régimen y cuantía de los precios públicos por utilización de centros y pres-tación de servicios.

d) Elaborar directamente el Plan de Salud del Principado de Asturias, sustituyendo el trámite de integración por un procedimiento de aprobación interna del Sespa.

8. Dentro del conjunto de competencias del Consejo de Administración del Ses-pa, una de ellas se refiere expresamente a la potestad de aprobar determinados ins-trumentos de planificación interna con relevancia estratégica y organizativa. ¿Cuál de las siguientes opciones identifica correctamente dicha competencia sin confun-dirla con funciones de ejecución o de mera propuesta?

a) Aprobar las instrucciones internas de funcionamiento de las Áreas de Salud, inclu-yendo protocolos asistenciales y guías clínicas de obligado cumplimiento.

b) Aprobar los planes de actuación del Sespa, así como los objetivos generales y los criterios de evaluación de la actividad del organismo.

c) Elaborar directamente los programas anuales de gestión clínica de las Gerencias de Área, vinculándolos a incentivos profesionales individuales.

d) Determinar la estructura orgánica detallada de cada Área de Salud mediante acuer-dos internos con rango reglamentario.

9. Sobre el funcionamiento del Consejo de Administración, ¿qué afirmación recoge correctamente el mínimo de periodicidad de las sesiones ordinarias y la forma en que debe articularse su regulación?

a) Debe garantizarse una periodicidad mínima bimestral en sesiones ordinarias, regulándose reglamentariamente y adecuándose además a la legislación básica sobre régimen jurídico del sector público y procedimiento administrativo común y a la legislación del Principado de Asturias.

b) Debe celebrarse una sesión ordinaria mensual y su régimen se establece exclusivamente por acuerdo interno del Consejo, sin remisión a normativa básica estatal.

c) Debe celebrarse una sesión ordinaria trimestral, y la presidencia puede modificar libremente la periodicidad sin necesidad de previsión reglamentaria.

d) Debe celebrarse una sesión ordinaria semestral y su régimen de adopción de acuerdos se limita a la normativa autonómica, al tratarse de un ente instrumental.

10. Dentro de las atribuciones de la presidencia del Consejo de Administración, ¿cuál es la opción correcta, especialmente por incluir el mecanismo de actuación por urgencia y el deber de dar cuenta?

a) La presidencia solo puede convocar y presidir reuniones, quedando prohibida cualquier adopción de resoluciones por urgencia fuera de sesión.

b) La presidencia puede adoptar en caso de urgencia las resoluciones necesarias, dando cuenta de aquellas al Consejo de Administración en la primera sesión que celebre.

c) La presidencia puede dictar circulares internas del Sespa con rango de instrucción general, sin necesidad de intervención de la Dirección Gerencia.

d) La presidencia fija el orden del día, pero no puede delegar funciones en la vicepresidencia por ser competencias indelegables.

11. En la Dirección Gerencia, una de las competencias económicas incorpora un doble umbral (general y para gastos financiados por determinados mecanismos). ¿Qué opción reproduce con precisión esos límites?

a) Autorizar gastos corrientes y de inversión hasta 750.000 euros, y en gastos financiados mediante MRR o REACT EU hasta un millón de euros, además de ordenar pagos.

b) Autorizar únicamente gastos corrientes sin límite y gastos de inversión hasta 500.000 euros, elevando cualquier gasto MRR o REACT EU al Consejo de Gobierno.

c) Autorizar gastos de inversión hasta 750.000 euros, pero excluir expresamente los gastos MRR o REACT EU, que siempre requieren ratificación del Consejo de Administración.

d) Autorizar gastos corrientes hasta 750.000 euros y gastos de inversión hasta un millón de euros, sin especialidad alguna para financiación europea.

12. Dentro de las competencias de la Dirección Gerencia del Sespa en materia de personal, ¿cuál de las siguientes opciones identifica correctamente una atribución que le corresponde de forma directa?

a) Aprobar los acuerdos reguladores de las condiciones laborales del personal sanitario y no sanitario del Sespa.

b) Ejercer las competencias que la normativa atribuye al órgano de contratación respecto del personal estatutario y laboral del Sespa.

c) Determinar el régimen retributivo básico y complementario del personal del Sespa con carácter general.

d) Aprobar las ofertas de empleo público del Sespa con carácter definitivo y sin intervención de otros órganos.

13. En cuanto a la provisión de puestos de libre designación, ¿qué opción es correcta, atendiendo a quién convoca y aprueba las bases?

a) La convocatoria y aprobación de bases de libre designación corresponde al Consejo de Administración por ser el órgano superior de dirección estratégica.

b) La competencia corresponde a la Secretaría General, como órgano de asistencia técnica al Director Gerente, para garantizar neutralidad administrativa.

c) Corresponde al Director Gerente del Sespa la convocatoria y aprobación de las bases correspondientes para la provisión de los puestos de libre designación.

d) La competencia corresponde a las Gerencias de Área, por su cercanía a las necesidades de personal, con validación posterior del Consejo de Dirección.

14. En relación con la estructura básica de la Dirección Gerencia del Sespa, ¿cuál de las siguientes opciones identifica correctamente los elementos en los que se organiza para el ejercicio de sus funciones?

a) Exclusivamente en Gerencias de Área, sin órganos de apoyo en Servicios Centrales.

b) En un Consejo Técnico Permanente y unidades administrativas creadas por resolución interna.

c) En Direcciones de Área y Consejos de Salud, como órganos mixtos de gestión y participación.

d) En una Secretaría General y en las Direcciones de los Servicios Centrales que se establezcan mediante los correspondientes decretos de estructura.

15. El Consejo de Dirección del Sespa es un órgano interno de carácter colegiado. ¿Cuál de las siguientes opciones identifica correctamente quién lo integra de manera básica?

a) El Director Gerente del Sespa, el Secretario General y los Directores de los Servicios Centrales.

b) El Consejero competente en sanidad, el Presidente del Consejo de Administración y los Gerentes de Área.

c) Los Gerentes de Área y los Presidentes de los Consejos de Salud de Área.

d) Los miembros del Consejo de Administración en pleno, actuando de forma indistinta.

16. En los órganos de dirección, gestión y participación de las Áreas de Salud, ¿qué opción es correcta y respeta la diferenciación entre órganos de participación y órganos de dirección/gestión?

a) El Consejo de Salud de Área y el Consejo de Salud de Zona se definen como órganos de contratación y fiscalización interna del gasto sanitario del Área.

b) La Gerencia del Área se define como órgano de participación, mientras que el Consejo de Salud de Área se define como órgano de dirección y gestión.

c) La Comisión de Dirección del Área se define como órgano de participación, y los órganos que se determinen reglamentariamente se consideran siempre órganos centrales.

d) El Consejo de Salud de Área y el Consejo de Salud de Zona son órganos de participación, mientras que la Gerencia del Área es órgano de dirección y gestión y la Comisión de Dirección del Área es órgano de dirección.

17. El Sespa se organiza territorialmente en tres Áreas de Salud. ¿Qué opción reproduce exactamente la denominación y el "apellido territorial" de cada una?

a) Área I (Occidente), Área II (Centro-suroccidente), y Área III (Oriente).

b) Área I (Centro), Área II (Occidente-costera), y Área III (Oriente-interior).

c) Área I (Oviedo), Área II (Gijón), y Área III (Avilés), como áreas metropolitanas sanitarias.

d) Área I (Occidente), Área II (Centro), y Área III (Oriente), eliminándose la referencia a centro-suroccidente por simplificación administrativa.

18. Sobre la estructura funcional de las Gerencias de Área, ¿qué opción identifica correctamente el conjunto de órganos directivos que existen "en cada Área" bajo dependencia directa de la Gerencia, sin confundirlos con los que dependen de otra Dirección?

a) Dirección de Atención Primaria de Área, Dirección de Atención Hospitalaria de Área y Direcciones de Atención Sanitaria y Coordinación Territorial, todas directamente bajo la Gerencia.

b) Dirección de Atención Sanitaria y Evaluación de Área, Dirección Económica y de Profesionales de Área, Dirección de Cuidados y Coordinación Sociosanitaria de Área y Dirección de Salud Pública de Área, bajo dependencia directa de la Gerencia de Área.

c) Secretaría General de Área, Intervención Delegada y Dirección de Sistemas de Información, como órganos directivos obligatorios bajo dependencia de la Gerencia.

d) Consejo de Dirección del Área, Consejo de Administración del Área y Comisión de Salud Comunitaria, como órganos directivos de implantación homogénea.

19. La Comisión de Dirección del Área de Salud tiene una regla de reunión mínima en sesión ordinaria. ¿Cuál es la opción correcta, teniendo en cuenta además quién la preside?

a) La Comisión de Dirección del Área de Salud es presidida por la Dirección de Atención Sanitaria y Evaluación de Área, reuniéndose ordinariamente una vez por trimestre.

b) La Comisión de Dirección del Área de Salud se reúne ordinariamente al menos una vez al mes, y su presidencia corresponde a la persona titular de la Gerencia del Área de Salud.

c) La Comisión de Dirección del Área de Salud se reúne ordinariamente cada dos meses, presidiéndola la Dirección Económica y de Profesionales para garantizar control presupuestario.

d) La Comisión de Dirección del Área de Salud se reúne ordinariamente una vez al año, presidiéndola un representante del Consejo de Salud de Área por razones de participación.

20. Dentro del ámbito competencial de la Dirección de Salud Pública de Área, se incluye un conjunto de funciones que la diferencian claramente de las direcciones asistenciales. ¿Cuál de las siguientes formulaciones recoge correctamente esas funciones, sin mezclarlas con atribuciones propias de la atención hospitalaria o de la gestión económica?

a) Dirigir y coordinar la actividad asistencial hospitalaria del Área, así como la gestión de camas, quirófanos y listas de espera estructurales.

b) Gestionar el presupuesto del Área y coordinar los recursos humanos adscritos a los centros de salud pública, con capacidad de contratación directa.

c) Dirigir y coordinar las actuaciones en materia de vigilancia epidemiológica, protección de la salud, promoción de la salud y prevención de la enfermedad en el ámbito territorial del Área.

d) Asumir las funciones de coordinación sociosanitaria y cuidados continuados, integrando recursos sanitarios y sociales bajo una única dirección funcional.

En MADTEST tienes **más preguntas de este tema**, y todos tus avances quedan registrados y se reflejan en el ranking.

¡Supera tus límites con MADTEST!

Solución al test n.º 8

1. a) El Consejo de Administración, la Dirección Gerencia, el Consejo de Dirección y los órganos que se determinen reglamentariamente como órganos centrales del Sespa.

2. b) El Director General que designe el Consejero competente en materia de sanidad, actuando como vicepresidencia en el Consejo de Administración.

3. b) Dos representantes de las organizaciones sindicales más representativas en el ámbito sanitario, designados conforme a la normativa vigente en materia de representatividad sindical.

4. d) La persona responsable de la Secretaría es designada por el Consejero competente en materia de sanidad y actúa con voz y sin voto.

5. a) Determinadas vocalías del Consejo de Administración se designan por un período de cuatro años.

6. b) Es incompatible cualquier vinculación con empresas o entidades relacionadas con suministro o dotación de material sanitario y productos farmacéuticos, así como relación laboral en activo en centros que presten servicios mediante concierto, convenio u otra fórmula de gestión indirecta con el Sespa.

7. c) Proponer a la Consejería competente en sanidad, para su elevación al Consejo de Gobierno, el régimen y cuantía de los precios públicos por utilización de centros y prestación de servicios.

8. b) Aprobar los planes de actuación del Sespa, así como los objetivos generales y los criterios de evaluación de la actividad del organismo.

9. a) Debe garantizarse una periodicidad mínima bimestral en sesiones ordinarias, regulándose reglamentariamente y adecuándose además a la legislación básica sobre régimen jurídico del sector público y procedimiento administrativo común y a la legislación del Principado de Asturias.

10. b) La presidencia puede adoptar en caso de urgencia las resoluciones necesarias, dando cuenta de aquellas al Consejo de Administración en la primera sesión que celebre.

11. a) Autorizar gastos corrientes y de inversión hasta 750.000 euros, y en gastos financiados mediante MRR o REACT EU hasta un millón de euros, además de ordenar pagos.

12. b) Ejercer las competencias que la normativa atribuye al órgano de contratación respecto del personal estatutario y laboral del Sespa.

13. c) Corresponde al Director Gerente del Sespa la convocatoria y aprobación de las bases correspondientes para la provisión de los puestos de libre designación.

14. d) En una Secretaría General y en las Direcciones de los Servicios Centrales que se establezcan mediante los correspondientes decretos de estructura.

15. a) El Director Gerente del Sespa, el Secretario General y los Directores de los Servicios Centrales.

16. d) El Consejo de Salud de Área y el Consejo de Salud de Zona son órganos de participación, mientras que la Gerencia del Área es órgano de dirección y gestión y la Comisión de Dirección del Área es órgano de dirección.

17. a) Área I (Occidente), Área II (Centro-suroccidente), y Área III (Oriente).

18. b) Dirección de Atención Sanitaria y Evaluación de Área, Dirección Económica y de Profesionales de Área, Dirección de Cuidados y Coordinación Sociosanitaria de Área y Dirección de Salud Pública de Área, bajo dependencia directa de la Gerencia de Área.

19. c) La Comisión de Dirección del Área de Salud se reúne ordinariamente cada dos meses, presidiéndola la Dirección Económica y de Profesionales para garantizar control presupuestario.

20. c) Dirigir y coordinar las actuaciones en materia de vigilancia epidemiológica, protección de la salud, promoción de la salud y prevención de la enfermedad en el ámbito territorial del Área.

TEST N.º 9

Ley 16/2003 de 28 de mayo, de Cohesión y Calidad del Sistema Nacional de Salud: De las prestaciones (Capítulo I). De los profesionales (Capítulo III). Cartera de servicios comunes de Sistema Nacional de Salud (Artículo 2 del Real Decreto 1030/2006, de 15 de septiembre, por el que se establece la cartera de servicios comunes del Sistema Nacional de Salud y el procedimiento para su actualización)

1. Se consideran prestaciones de atención sanitaria del Sistema Nacional de Salud:

a) Los servicios o conjunto de servicios diagnósticos dirigidos a los ciudadanos.
b) Los servicios o conjunto de servicios rehabilitadores y de promoción y mantenimiento de la salud dirigidos a los ciudadanos.
c) Los servicios o conjunto de servicios preventivos dirigidos a los ciudadanos.
d) Todas las respuestas son correctas.

2. Con qué frecuencia realiza el Ministerio de Salud una evaluación de los costes de aplicación de la cartera común de servicios del Sistema Nacional de Salud:

a) Semestralmente.
b) Anualmente.
c) Cada dos años.
d) Cada cuatro años.

3. Quién aprueba la inclusión de servicios accesorios, los importes máximos de financiación y los coeficientes de corrección a aplicar para determinar la facturación definitiva a los servicios autonómicos de salud por parte de los proveedores, así como las modalidades de aportación o reembolso aplicables en cada caso:

a) La persona titular del Ministerio de Sanidad.
b) El Consejo Interterritorial del Sistema Nacional de Salud.
c) La Comisión de prestaciones, aseguramiento y financiación.
d) Las Comunidades Autónomas.

4. La atención primaria comprende:

a) La hospitalización en régimen de internamiento.
b) La asistencia especializada en consultas.
c) Las actividades de información y vigilancia en la protección de la salud.
d) Todas las respuestas son correctas.

5. El contenido de la cartera común de servicios del Sistema Nacional de Salud se determinará por acuerdo del Consejo Interterritorial del Sistema Nacional de Salud, a propuesta de:

a) Las Comunidades Autónomas.
b) La Comisión de financiación.
c) La persona titular del Ministerio de Sanidad.
d) La Comisión de prestaciones, aseguramiento y financiación.

6. Señala la respuesta incorrecta:

a) El Ministerio de Sanidad, por propia iniciativa o a propuesta de las correspondientes Administraciones públicas sanitarias y previo acuerdo del Consejo Interterritorial del Sistema Nacional de Salud, podrá autorizar el uso tutelado de determinadas técnicas, tecnologías o procedimientos.
b) La cartera común de servicios del Sistema Nacional de Salud se actualizará mediante orden de la persona titular del Ministerio de Sanidad, previo acuerdo del Consejo Interterritorial del Sistema Nacional de Salud.
c) Se garantizará a todos los usuarios el acceso a aquellos servicios que sean considerados como servicios de referencia de acuerdo con el artículo 28 de la Ley 16/2003, de 28 de mayo.
d) En el seno de la Comisión de prestaciones, aseguramiento y financiación se acordarán los criterios marco para garantizar un tiempo máximo de acceso a las prestaciones del Sistema Nacional de Salud, que se aprobarán mediante real decreto.

7. Todos los usuarios del Sistema Nacional de Salud tendrán acceso a las prestaciones sanitarias reconocidas en la ley 16/2003 de 28 de mayo, de Cohesión y Calidad del Sistema Nacional de Salud en condiciones de:

a) Igualdad real.
b) Igualdad plena.
c) Igualdad efectiva.
d) Igualdad absoluta.

8. Señala una de las prestaciones incluidas en la cartera común suplementaria del Sistema Nacional de Salud:

a) La prestación ortoprotésica.
b) La prestación con productos dietéticos.

c) La prestación farmacéutica.
d) Todas las respuestas son correctas.

9. Señala la respuesta incorrecta respecto a las prestaciones sanitarias del Sistema Nacional de Salud:

a) Las comunidades autónomas asumirán, con cargo a sus propios presupuestos, todos los costes de aplicación de la cartera de servicios complementaria a las personas que tengan la condición de asegurado o de beneficiario del mismo.
b) Únicamente se facilitarán por el personal legalmente habilitado, en centros y servicios, propios o concertados, del Sistema Nacional de Salud.
c) El Consejo Interterritorial del Sistema Nacional de Salud podrá emitir recomendaciones sobre el establecimiento por parte de las comunidades autónomas de prestaciones sanitarias complementarias a las prestaciones comunes del Sistema Nacional de Salud.
d) Las comunidades autónomas podrán incorporar en sus carteras de servicios una técnica, tecnología o procedimiento no contemplado en la cartera común de servicios del Sistema Nacional de Salud, estableciendo para ello los recursos adicionales necesarios.

10. La atención sanitaria especializada comprende:

a) La indicación o prescripción, y la realización, en su caso, de procedimientos diagnósticos y terapéuticos.
b) La atención a la salud bucodental.
c) La rehabilitación básica.
d) Todas las respuestas son correctas.

11. En el ámbito sanitario, la atención sociosanitaria se llevará a cabo en los niveles de atención que cada comunidad autónoma determine y en cualquier caso comprenderá:

a) La atención sanitaria a la convalecencia.
b) La rehabilitación en pacientes con déficit funcional recuperable.
c) Los cuidados sanitarios de larga duración.
d) Todas las respuestas son correctas.

12. La prestación de atención de urgencia se dispensará tanto en centros sanitarios como fuera de ellos, incluyendo el domicilio del paciente, mediante la atención médica y de enfermería, durante:

a) La jornada de mañana de lunes a viernes.
b) La jornada de tarde de lunes a viernes.
c) La jornada de mañana y tarde de lunes a viernes.
d) Las 24 horas del día.

13. Qué tipo de prestación consiste en la utilización de productos sanitarios, implantables o no, cuya finalidad es sustituir total o parcialmente una estructura corporal, o bien de modificar, corregir o facilitar su función:

a) La prestación farmacéutica.
b) La prestación de atención para la movilidad funcional.
c) La prestación ortoprotésica.
d) La prestación de atención de urgencia.

14. Qué prestación comprende la dispensación de los tratamientos dietoterápicos a las personas que padezcan determinados trastornos metabólicos congénitos, la nutrición enteral domiciliaria para pacientes a los que no es posible cubrir sus necesidades nutricionales, a causa de su situación clínica, con alimentos de uso ordinario:

a) La prestación de productos alimenticios.
b) La prestación de productos dietéticos.
c) La prestación de productos nutricionales.
d) La prestación de productos básicos.

15. Qué tipo de prestación consiste en el desplazamiento de enfermos por causas exclusivamente clínicas, cuya situación les impida desplazarse en los medios ordinarios de transporte:

a) La prestación para la movilidad.
b) La prestación de ambulancia.
c) La prestación de transporte público.
d) La prestación de transporte sanitario.

16. Cuándo se llevará a cabo la exclusión de una técnica, tecnología o procedimiento actualmente incluido en la cartera de servicios:

a) Cuando deje de cumplir los requisitos establecidos por la legislación vigente.
b) Cuando se evidencie su falta de eficacia, efectividad o eficiencia, o que el balance entre beneficio y riesgo sea significativamente desfavorable.
c) Cuando haya perdido su interés sanitario como consecuencia del desarrollo tecnológico y científico.
d) Todas las respuestas son correctas.

17. Quién acuerda la designación de servicios de referencia, el número necesario de éstos y su ubicación estratégica dentro del Sistema Nacional de Salud:

a) El Ministerio de Sanidad.
b) El Consejo Interterritorial del Sistema Nacional de Salud.
c) La Comisión de prestaciones, aseguramiento y financiación.
d) Las Comunidades Autónomas.

18. Quién desarrolla, sin perjuicio de las competencias de las comunidades autónomas, las actividades de planificación, diseño de programas de formación y modernización de los recursos humanos del Sistema Nacional de Salud y define los criterios básicos de evaluación de las competencias de los profesionales sanitarios:

a) La persona titular del Ministerio de Sanidad.
b) El Consejo Interterritorial del Sistema Nacional de Salud.
c) La Comisión de Recursos Humanos del Sistema Nacional de Salud.
d) La Comisión de prestaciones, aseguramiento y financiación.

19. Quién preside la Comisión de Recursos Humanos del Sistema Nacional de Salud:

a) La persona titular del Ministro de Sanidad.
b) La persona titular de la Secretaría de Estado de Seguridad.
c) La persona titular de la Dirección General de Salud Pública.
d) La persona titular de la Secretaría General de Salud Digital, Información e Innovación del SNS.

20. Quién supervisa los programas de formación de postgrado especializada, propuestos por las comisiones nacionales correspondientes, así como el número de profesionales necesarios en cada convocatoria:

a) La Dirección General de Ordenación Profesional.
b) El Instituto Nacional de Gestión Sanitaria.
c) La Comisión de Recursos Humanos.
d) La Agencia de Calidad.

En MADTEST tienes **más preguntas de este tema**, y todos tus avances quedan registrados y se reflejan en el ranking.

¡Supera tus límites con MADTEST!

Solución al test n.º 9

1. d) Todas las respuestas son correctas.

2. b) Anualmente.

3. a) La persona titular del Ministerio de Sanidad.

4. c) Las actividades de información y vigilancia en la protección de la salud.

5. d) La Comisión de prestaciones, aseguramiento y financiación.

6. d) En el seno de la Comisión de prestaciones, aseguramiento y financiación se acordarán los criterios marco para garantizar un tiempo máximo de acceso a las prestaciones del Sistema Nacional de Salud, que se aprobarán mediante real decreto.

7. c) Igualdad efectiva.

8. d) Todas las respuestas son correctas.

9. b) Únicamente se facilitarán por el personal legalmente habilitado, en centros y servicios, propios o concertados, del Sistema Nacional de Salud.

10. a) La indicación o prescripción, y la realización, en su caso, de procedimientos diagnósticos y terapéuticos.

11. d) Todas las respuestas son correctas.

12. d) Las 24 horas del día.

13. c) La prestación ortoprotésica.

14. b) La prestación de productos dietéticos.

15. d) La prestación de transporte sanitario.

16. d) Todas las respuestas son correctas.

17. b) El Consejo Interterritorial del Sistema Nacional de Salud.

18. c) La Comisión de Recursos Humanos del Sistema Nacional de Salud.

19. a) La persona titular del Ministro de Sanidad.

20. c) La Comisión de Recursos Humanos.

TEST N.º 10

Ley 2/2011, de 11 de marzo, para la igualdad efectiva de mujeres y hombres y la erradicación de la violencia de género. Título Preliminar: objeto, ámbito de aplicación y conceptos; la integración del principio de igualdad entre mujeres y hombres en la salud (Artículo 20); igualdad en el empleo público (Capítulo II-Título III)

1. ¿En qué artículo constitucional se proclama el derecho a la igualdad?

a) 1.
b) 14.
c) 23.
d) 43.

2. El objeto de la Ley 2/2011 lo constituye:

a) Remover los obstáculos para que la libertad y la igualdad del individuo y de los grupos en que se integra sean efectivas y reales.
b) Reforzar e impulsar la estrategia del enfoque integrado de género.
c) Garantizar la efectiva igualdad de derechos, trato y oportunidades entre mujeres y hombres.
d) Todas las anteriores.

3. La Ley promueve la presencia equilibrada de mujeres y hombres:

a) En el ámbito público exclusivamente.
b) En las relaciones sociales.
c) En los ámbitos tanto público como privado.
d) En las personas jurídicas y entidades siempre que cuenten con participación pública.

4. La Ley aboga por que el principio de igualdad de trato y de oportunidades se aplique de forma:

a) Solidaria.
b) Transversal.

c) Coordinada.

d) Empoderada.

5. La ausencia de toda discriminación por razón de sexo, y, especialmente, las derivadas de la maternidad, la asunción de obligaciones familiares y el estado civil es lo que se denomina

a) Discriminación directa.

b) Discriminación positiva.

c) Discriminación indirecta.

d) Igualdad de trato.

6. Se considera "acoso por razón de sexo":

a) La violencia como manifestación de la discriminación, la situación de desigualdad y las relaciones de poder de los hombres sobre las mujeres.

b) La discriminación, directa o indirecta, por razón de sexo, especialmente, derivada de la maternidad, la asunción de obligaciones familiares y el estado civil.

c) El comportamiento realizado en función del sexo de una persona, con el propósito de atentar contra su dignidad.

d) Cualquiera de las situaciones anteriores.

7. Se denomina "integración del principio de igualdad entre mujeres y hombres en la salud":

a) Al mantenimiento y mejora del nivel de salud de mujeres y hombres promoviendo la desaparición de las desigualdades de género en el campo de la salud.

b) Al derecho a la información referente al lugar de prestación de los servicios de atención, emergencia, apoyo y recuperación integral.

c) Al reconocimiento del derecho a la atención, emergencia, apoyo y acogida y recuperación integral de las mujeres víctimas de violencia de género.

d) A la defensa y representación gratuitas por abogado y procurador en todos los procesos y procedimientos administrativos que tengan causa directa o indirecta en la violencia padecida.

8. ¿Qué medidas prevé la Ley para la detección, atención y apoyo a las mujeres víctimas de violencia de género?

a) La asistencia de la Policía Judicial.

b) La Elaboración de protocolos de atención y coordinación.

c) La tipicidad de delitos en el ámbito preventivo.

d) La prestación de medidas de carácter económico.

9. Para garantizar la igualdad en el empleo público, se prevé legalmente que la Administración del Principado de Asturias:

a) Promueva la presencia equilibrada de mujeres y hombres en los órganos de selección y valoración.
b) Facilite la conciliación de la vida personal, familiar y laboral, con menoscabo de la promoción profesional.
c) Establezca medidas para potenciar cualquier discriminación retributiva, directa o indirecta, por razón de sexo.
d) Cualquiera de las anteriores.

10. ¿Qué órgano del Principado de Asturias corresponde la aprobación del Plan de Igualdad en la Administración?

a) A la persona titular de la Consejería competente en materia de políticas de Igualdad.
b) A la persona titular de la Consejería competente en materia de función pública.
c) Al Presidente del Principado de Asturias.
d) Al Consejo de Gobierno.

11. ¿Y quién se encarga de hacer la propuesta para su aprobación?

a) Unidad de Selección de Personal.
b) Subdirección de Evaluación y Planificación de Recursos Humanos.
c) Subdirección de Profesionales.
d) Oficina de Coordinación de Prevención de Riesgos Laborales y Salud Laboral.

12. ¿Y la evaluación de su cumplimiento?

a) El Instituto Asturiano de la Mujer.
b) La persona titular de la Consejería competente en materia de función pública.
c) La persona titular de la Consejería competente en materia de políticas de Igualdad.
d) Las personas a que se refieren las letras b y c, conjuntamente.

13. El eje "Cultura de la organización" del I Plan de Igualdad de la Administración del Principado de Asturias, contiene los objetivos a alcanzar para:

a) La visibilización de las desigualdades.
b) La presencia de la mujer en los centros de poder.
c) La implantación de sistemas de sistemas estratégicos transversales.
d) La integración del principio de igualdad.

14. La celebración de reuniones dentro del horario fijo de trabajo: de 9:00 a 14.00 horas es un objetivo recogido en el del I Plan de Igualdad de la Administración del Principado de Asturias dentro del eje dedicado a:

a) Los procesos de trabajo.
b) Las personas.

c) La cultura de la organización.
d) Ninguna es correcta.

15. La integración de la perspectiva de género en los procesos habituales de trabajo es un objetivo del I Plan de Igualdad recogido en el eje de:

a) Los procesos de trabajo.
b) La cultura de la organización.
c) Las medidas transversales.
d) Las personas.

16. ¿Cuál de los siguientes elementos puede ser causa de discriminación según el principio de igualdad de trato?

a) Nacionalidad.
b) Maternidad.
c) Nivel de estudios.
d) Lugar de residencia.

17. ¿Cuál es uno de los objetivos principales del Principado de Asturias en el ámbito de la salud?

a) Incrementar la inversión en tecnología sanitaria exclusivamente femenina.
b) Promover la desaparición de las desigualdades de género en la salud.
c) Garantizar atención médica solo para mujeres víctimas de violencia de género.
d) Priorizar enfermedades cardiovasculares en población masculina.

18. ¿Qué eje del I Plan de Igualdad se refiere a la integración del principio de igualdad en la cultura organizacional?

a) El eje de procesos de trabajo.
b) El eje de políticas públicas.
c) El eje de cultura de la organización.
d) El eje normativo.

19. ¿Qué herramienta se pondrá en marcha para facilitar la conciliación en el empleo público?

a) Reducción obligatoria de jornada para mujeres.
b) Un sistema de guarderías internas.
c) Una bolsa de horas para cubrir necesidades de conciliación.
d) Exención de guardias para el personal con hijos.

20. ¿Qué finalidad tiene el análisis de datos desagregados por sexo?

a) Reforzar las estadísticas nacionales exclusivamente.
b) Comprobar la eficiencia financiera de la Administración.
c) Conocer la situación diferenciada de mujeres y hombres.
d) Estudiar la natalidad y la fecundidad de la región.

Solución al test n.º 10

1. b) 14.

2. c) Garantizar la efectiva igualdad de derechos, trato y oportunidades entre mujeres y hombres.

3. c) En los ámbitos tanto público como privado.

4. b) Transversal.

5. d) Igualdad de trato.

6. c) El comportamiento realizado en función del sexo de una persona, con el propósito de atentar contra su dignidad.

7. a) Al mantenimiento y mejora del nivel de salud de mujeres y hombres promoviendo la desaparición de las desigualdades de género en el campo de la salud.

8. b) La Elaboración de protocolos de atención y coordinación.

9. a) Promueva la presencia equilibrada de mujeres y hombres en los órganos de selección y valoración.

10. d) Al Consejo de Gobierno.

11. d) Oficina de Coordinación de Prevención de Riesgos Laborales y Salud Laboral.

12. d) Las personas a que se refieren las letras b y c, conjuntamente.

13. d) La integración del principio de igualdad.

14. b) Las personas.

15. a) Los procesos de trabajo.

16. b) Maternidad.

17. b) Promover la desaparición de las desigualdades de género en la salud.

18. c) El eje de cultura de la organización.

19. c) Una bolsa de horas para cubrir necesidades de conciliación.

20. c) Conocer la situación diferenciada de mujeres y hombres.

PARTE ESPECÍFICA

TEST N.º 11

Trabajo en equipo: Concepto de equipo, equipo multidisciplinar, el proceso de integración, consenso, motivación-incentivación y aprendizaje. Comunicación: Concepto y tipos de comunicación. Habilidades para la comunicación. La empatía y la escucha activa. Control del estrés

1. Cuando un Técnico en Cuidados Auxiliares de Enfermería se comunica con el paciente, trata de compartir adecuadamente todo lo que se expone, excepto:

a) Informaciones e ideas.
b) Actitudes.
c) Sentimientos.
d) Asuntos personales de trascendencia del técnico.

2. Al individuo que habla, gesticula, escribe, pinta, etc., en la comunicación, se le denomina:

a) Mensajero.
b) Fuente.
c) Receptor.
d) Destino.

3. La comunicación que emplea el código dibujos es:

a) Lingüística escrita.
b) Lingüística visual.
c) No lingüística visual.
d) No lingüística gestual.

4. ¿Qué área o aspecto debe recoger (según el Defensor del pueblo) la humanización de los comportamientos, de las conductas recíprocas en las relaciones entre los enfermos, los médicos y cuantos cooperan a la protección de la salud?

a) El aspecto ético.
b) El aspecto estético.

c) El aspecto profesional.
d) El aspecto laboral.

5. ¿A qué se denomina el método que permite a una persona hacer comprensible a otra cualquier idea o hecho que se le quiere transmitir?

a) Comunicación.
b) Transmisión.
c) Explicación o charla.
d) Transferencia.

6. ¿Qué aspecto de la comunicación se debe dar para hablar correctamente, con lógica y precisión?

a) Apropiado léxico.
b) Respeto en la comunicación (saber escuchar).
c) Adecuada expresión.
d) Atención y escucha activa.

7. ¿A qué se denomina el proceso mediante el cual las personas interpretan y organizan la información con la finalidad de darle significado y comprensión a su mundo?

a) Sensación.
b) Percepción.
c) Racionalidad.
d) Acción.

8. ¿Cuál es el objetivo en la relación interpersonal celador/paciente/familiar?

a) La salud.
b) La eficiencia profesional.
c) La ayuda.
d) La eficacia profesional.

9. Cuando una relación interpersonal se desarrolla en un régimen de igualdad se dice que es de:

a) Compañerismo.
b) Equilibrada.
c) Empática.
d) Son ciertas las respuestas b) y c).

10. ¿Qué habilidades o destrezas se deben poseer en una adecuada relación interpersonal?

a) Habilidad para solucionar conflictos.
b) Habilidad para expresarse de manera honesta y auténtica.
c) Habilidad para comunicarse clara y directamente, así como para escuchar atentamente.
d) Deben poseerse todas las anteriores.

11. ¿En qué pilares ha de basarse la relación interpersonal?

a) Compromiso, objetivo común y desinterés.
b) Sinceridad, confianza y respeto.
c) Cooperación, dominación y aislamiento.
d) Confianza, creatividad, compromisos renovados y respeto mutuo.

12. ¿Qué componente de la actitud es aquel formado por la idea, el conocimiento o la creencia que se posee de una persona, objeto o hecho?

a) Componente afectivo.
b) Componente conductual.
c) Componente cognoscitivo.
d) Componente físico.

13. ¿En qué componentes de las actitudes, según el modelo de McGill, se deben sustentar el apoyo y la ayuda a la persona enferma, y por ello en su formación?

a) Habilidades sociales y componente conductual de la actitud.
b) Componente físico y conductual de la actitud.
c) Componente afectivo, cognoscitivo y conductual de la actitud.
d) Componente físico, afectivo, cognoscitivo y conductual de la actitud.

14. El funcionamiento objetivo de un equipo de trabajo debe reunir todas estas características excepto:

a) Determinación del fin a obtener de modo transparente.
b) El fin a obtener debe ser conocido por todos sus miembros.
c) Descripción de soluciones mediante la utilización de las sugerencias y soluciones expuestas por los miembros.
d) Ejecución del objetivo, exclusivamente a través del líder o superior.

15. En la organización de los grupos de trabajo:

a) Prima la jerarquía.
b) No existe responsable del grupo.
c) La jerarquía es mediana, pero importante.
d) Todas las categorías laborales funcionan con igualdad.

16. En un equipo de trabajo:

a) Su organización es muy jerárquica.
b) Cada miembro puede tener una manera particular de funcionar.
c) Es necesario que posean todos sus miembros la misma profesión.
d) Es necesaria la coordinación.

17. ¿Qué se define como la integración de elementos que da como resultado algo más grande que la simple suma de estos?

a) Antagonismo.
b) Coordinación.
c) Indiferencia.
d) Sinergia.

18. Para que un equipo de trabajo sea eficiente, ¿qué cualidad es aquella que se caracteriza en que los diferentes miembros deben dominar todas las parcelas del proyecto que aspiran a realizar?

a) Valoración.
b) Complementariedad.
c) Solidaridad.
d) Motivación.

19. ¿Cómo se denomina la acción encaminada a impulsar el comportamiento de otras personas en una determinada dirección, que se estima conveniente, dentro de un equipo de trabajo eficiente?

a) Acción de liderazgo.
b) Excitabilidad del equipo.
c) Eficiencia de constatación.
d) Motivación-Incentivación.

20. ¿Cuál es la cifra recomendada en cuanto a número de miembros en los equipos de salud?

a) De aproximadamente 5.
b) De aproximadamente 10.
c) De aproximadamente 15.
d) De aproximadamente 20.

En MADTEST tienes **más preguntas de este tema**, y todos tus avances quedan registrados y se reflejan en el ranking.

¡Supera tus límites con MADTEST!

Solución al test n.º 11

1. d) Asuntos personales de trascendencia del técnico.

2. b) Fuente.

3. c) No lingüística visual.

4. a) El aspecto ético.

5. c) Explicación o charla.

6. c) Adecuada expresión.

7. b) Percepción.

8. c) La ayuda.

9. a) Compañerismo.

10. d) Deben poseerse todas las anteriores.

11. b) Sinceridad, confianza y respeto.

12. c) Componente cognoscitivo.

13. c) Componente afectivo, cognoscitivo y conductual de la actitud.

14. d) Ejecución del objetivo, exclusivamente a través del líder o superior.

15. a) Prima la jerarquía.

16. d) Es necesaria la coordinación.

17. d) Sinergia.

18. b) Complementariedad.

19. d) Motivación-Incentivación.

20. b) De aproximadamente 10.

TEST N.º 12

Atención y cuidados del paciente en las necesidades de higiene: Recién nacido y adulto. Concepto, higiene general y parcial, higiene de la piel y capilar, técnica de baño asistido (ducha y bañera), higiene del paciente encamado, zonas que requieren cuidados especiales. Procedimientos para preservar la intimidad al realizar la higiene del paciente. Prevención de Riesgos laborales: Especial referencia a la manipulación manual de cargas y al riesgo biológico

1. ¿Qué cuestión no se pretende con un correcto aseo del paciente?

a) Conservar el buen estado de la piel, eliminando la suciedad, el mal olor y el sudor.
b) Cubrir parte de las necesidades de seguridad del paciente al prevenir la aparición de infecciones.
c) Refrescar al paciente, para que sienta sensación de confort y bienestar.
d) Evitar la necesidad de aseo en los genitales varias veces al día, debido a su efecto yatrogénico.

2. ¿Qué material se incluiría como elemento de protección respecto a la higiene de la piel?

a) Ropa del enfermo.
b) Sábana pequeña.
c) Palangana.
d) Cuña.

3. El orinal plano es un material o elemento de:

a) Evacuación.
b) Protección.
c) Lavado.
d) Recambio.

4. La zona del lavado de genitales externos del paciente se debe hacer con:

a) Jabón líquido y agua.
b) Antiséptico no irritante y agua.
c) Antiséptico irritante y agua.
d) Antiséptico no irritante y jabón.

5. La uña incarnada se denomina también:

a) Onicofagia.
b) Onicocriptosis.
c) Onicomicosis.
d) Onicomalacia.

6. ¿Qué afirmación es incorrecta del vestido y desvestido del enfermo?

a) Al paciente hay que taparlo con una toalla o con la sábana a la hora de desnudarlo.
b) El camisón se retira por la cadera, hasta miembros inferiores, sacándolo por debajo de los pies.
c) El TCAE debe colocarse guantes para realizar este procedimiento.
d) La chaqueta del pijama se desabrocha y se saca primero un brazo y después el otro.

7. ¿A qué temperatura debe estar el agua del baño del recién nacido?

a) A 20 ºC.
b) A 25 ºC.
c) A 30 ºC.
d) A 35 ºC.

8. La temperatura ambiental del lugar donde se ubica el recién nacido debe ser en torno a los:

a) 15 ºC.
b) 20 ºC.
c) 25 ºC.
d) 30 ºC.

9. Todo lo que se expone de la ropa hospitalaria infantil es cierto, excepto que:

a) Debe ser holgada y cómoda, que permita una adecuada movilidad al niño.
b) Su composición debe ser natural, evitando prendas sintéticas que perjudican la piel del niño.
c) Debe llevar botones como medio de ajuste, para que no se le caiga y pase frío.
d) Ha de ser fácil de poner y quitar.

10. Todo lo que se dice de la cuna del recién nacido es cierto excepto que:

a) Debe poseer balanceo, para dormir al niño.
b) Debe ser fija.
c) Debe poseer ruedas, para su potencial desplazamiento.
d) No debe contener mucha ropa.

11. ¿Cómo se debe proceder con los pacientes tetrapléjicos para realizar su higiene de la zona posterior?

a) Nunca deben levantarse.
b) Levantándolos en bloque.
c) En la posición de decúbito lateral derecho.
d) En la posición de decúbito lateral izquierdo.

12. ¿Qué debe vigilar el ATS/DUE durante la realización de la higiene del paciente asistido con ventilación artificial?

a) Su estado anímico.
b) Los sistemas y conexiones del respirador, así como los tubos y cánulas.
c) La frecuencia cardíaca y demás constantes vitales.
d) Nada de lo antes mencionado tiene interés.

13. ¿Qué cuestión no es cierta en la recogida de excretas?

a) Las mujeres pueden usar las cuñas, tanto para miccionar como para defecar.
b) Las cuñas empleadas fundamentalmente en recogida de excretas son de plástico o acero.
c) El procedimiento del uso de la cuña no tiene por qué explicarlo el TCAE.
d) Hay cuñas especiales para pacientes traumatizados, siendo generalmente de menor altura para favorecer su colocación.

14. La higiene del paciente es función de:

a) El celador.
b) La limpiadora.
c) El TCAE.
d) Todos los anteriores son responsables.

15. ¿Cuál de las siguientes afirmaciones es cierta?

a) La higiene es una suma de procesos que permite una mejor defensa de la piel contra las enfermedades.
b) En la persona enferma la higiene debe hacerse más minuciosamente que en un individuo sano.

c) Demasiada higiene en los enfermos muy graves hace que su recuperación pueda ser más lenta.

d) Las opciones a) y b) son ciertas.

16. Con respecto al material usado para el aseo, son elementos de protección:

a) Hule, sábana pequeña y manta de baño.
b) Hule, sábana pequeña, manta de baño y guantes.
c) Hule, sábana pequeña y guantes.
d) Hule, sábana pequeña, guantes y jabón.

17. Los elementos de lavado son:

a) Toallas, guantes, esponjas, palangana, agua, jabón, crema hidratante, jarra, etc.
b) Toallas, guantes, esponjas, palangana, agua, jabón, sábana pequeña, jarra, etc.
c) Toallas, guantes, esponjas, palangana y jabón.
d) Toallas, guantes, manta de baño, palangana, agua, jabón, crema hidratante, jarra, etc.

18. ¿Qué elementos o materiales necesarios para el aseo del paciente son de lavado?

a) Hule.
b) Manta de baño.
c) Esponjas y guantes.
d) Cuña.

19. El lavado de cabellos del paciente debe realizarse aproximadamente:

a) Todos los días.
b) Cada tres días.
c) Una vez a la semana.
d) Depende de la suciedad que este tenga.

20. ¿En qué posición debe colocarse al paciente para llevar a cabo la higiene del cabello?

a) En posición de Trendelenburg.
b) En posición de Roser o Proetz.
c) En posición de Morestín.
d) En posición de Sims.

En MADTEST tienes **más preguntas de este tema**, y todos tus avances quedan registrados y se reflejan en el ranking.

¡Supera tus límites con MADTEST!

Solución al test n.º 12

1. d) Evitar la necesidad de aseo en los genitales varias veces al día, debido a su efecto yatrogénico.

2. b) Sábana pequeña.

3. a) Evacuación.

4. a) Jabón líquido y agua.

5. b) Onicocriptosis.

6. b) El camisón se retira por la cadera, hasta miembros inferiores, sacándolo por debajo de los pies.

7. d) A 35 ºC.

8. c) 25 ºC.

9. c) Debe llevar botones como medio de ajuste, para que no se le caiga y pase frío.

10. a) Debe poseer balanceo, para dormir al niño.

11. b) Levantándolos en bloque.

12. b) Los sistemas y conexiones del respirador, así como los tubos y cánulas.

13. c) El procedimiento del uso de la cuña no tiene por qué explicarlo el TCAE.

14. c) El TCAE.

15. d) Las opciones a) y b) son ciertas.

16. a) Hule, sábana pequeña y manta de baño.

17. a) Toallas, guantes, esponjas, palangana, agua, jabón, crema hidratante, jarra, etc.

18. c) Esponjas y guantes.

19. c) Una vez a la semana.

20. b) En posición de Roser o Proetz.

TEST N.º 13

**Atención y cuidados de las Úlceras por presión:
concepto, factores de riesgo. Localización. Etiología.
Medidas de prevención, movilización y cambios posturales**

1. Lo más característico del tejido que conforma una úlcera por presión a nivel celular es:

a) La necrosis.
b) La anemia.
c) La hiperglucohistia.
d) Todo lo anterior.

2. ¿En qué personas se dan más úlceras por presión?

a) En personas encamadas.
b) En personas con buena movilidad.
c) En personas bien nutridas.
d) Nada de lo anterior es cierto.

3. ¿Qué es característico de las úlceras por presión?

a) La ausencia de relación entre la presión ejercida y la intensidad de la misma.
b) Superficie afectada y tamaño de la lesión.
c) El exceso trófico de la zona con la ausencia de isquemia.
d) La ausencia de relación entre la presión ejercida y el tiempo que se ejerce.

4. La presión capilar (en mm de Hg) normal varía entre:

a) 80-93.
b) 16-33.
c) 66-83.
d) 10-25.

5. ¿Qué fuerzas o presiones aparecen en la génesis de las úlceras por presión?

a) Presiones directas ejercidas sobre la piel y presiones indirectas por rozamientos.
b) Presiones indirectas por rozamientos y presiones indirectas por cizallamiento.
c) Presiones directas por cizallamiento y presiones directas ejercidas sobre la piel
d) Presiones directas ejercidas sobre la piel, presiones indirectas por rozamientos y presiones indirectas por cizallamiento.

6. ¿En qué personas son menos frecuentes las apariciones de úlcera por presión?

a) En ancianos.
b) En niños pequeños.
c) En adultos jóvenes.
d) No existe ninguna edad o etapa concreta de la vida de mayor o menor predilección.

7. ¿Qué factor de estos consideras externo en la génesis de la úlcera por presión?

a) Tiempo de exposición.
b) Obesidad.
c) Edad.
d) Extrema delgadez.

8. ¿Qué impide al paciente encamado que no sienta dolor, como mecanismo de la génesis de la úlcera por presión?

a) Su obesidad.
b) Su extrema delgadez.
c) La pérdida de sensibilidad.
d) Son ciertas las respuestas a) y b).

9. ¿Qué causa de estas es neurológica o nerviosa en la génesis de la úlcera por presión?

a) Parálisis.
b) Arteriosclerosis.
c) Alteraciones de la microcirculación.
d) Todo lo anterior es cierto.

10. ¿Cuál de estas consideras una causa vascular en la génesis de la úlcera por presión?

a) Ausencia de reflejos vasomotores.
b) Arteriosclerosis.
c) Alteraciones de la microcirculación y estados de shock.
d) Todo lo anterior es cierto.

11. ¿Cuáles son los planos duros que ejercen presión para que se dé la úlcera por presión?

a) El colchón o asiento sobre el que reposa el enfermo y por otro la superficie ósea del paciente.
b) Las sábanas o colchas empleadas y las manos de los cuidadores.
c) Las manos de los cuidadores y el colchón o asiento sobre el que reposa el enfermo.
d) Las manos de los cuidadores y la superficie ósea del paciente.

12. ¿Qué situaciones son más proclives a la aparición de úlceras por presión?

a) Individuos operados de fractura de cabeza de fémur, pelvis o extremidades inferiores.
b) Personas con peso normal.
c) Individuos con enfermedad cutánea, sin riesgo trófico o de nutrición en sus tejidos.
d) Enfermos psiquiátricos no sedados, ni encamados.

13. ¿Qué tipo de enfermo de estos puede tener la consciencia alterada y por ello ser más susceptible a padecer úlceras por presión?

a) Enfermos psiquiátricos sometidos a fuertes dosis de sedantes.
b) Enfermos incontinentes.
c) Enfermos con Síndrome de Cushing.
d) Ninguno de los anteriores.

14. ¿Qué susceptibilidad crean los enfermos que padecen insuficiencias cardiacas descompensadas o no tratadas, que lo hacen más proclives a padecer úlceras por presión?

a) Alteración del estado de consciencia.
b) Disminución circulatoria que conlleva a una desnutrición de los tejidos.
c) Disminución en el balance de gases.
d) Mayor peso corporal

15. Se padecerá de úlcera por presión cuando haya circunstancias favorables y se dé un apoyo cutáneo que sobrepase como mínimo:

a) Media hora.
b) Una hora.
c) Dos a tres horas.
d) Veinte horas.

16. ¿Qué zona de estas es menos expuesta en la génesis de úlcera por presión cuando el paciente está en decúbito supino?

a) Talón.
b) Dedos de los pies.
c) Región glútea.
d) Sacro.

17. En posición de sentado, la úlcera por presión aparecerá más frecuentemente en:

a) La tuberosidad isquiática.
b) La tuberosidad púbica.
c) Los acromiones.
d) Los olécranos.

18. ¿Qué lugar de los siguientes es el más frecuente donde se da la úlcera por presión?

a) Rodilla.
b) Dedos de los pies.
c) Región abdominal.
d) Sacro.

19. ¿Cómo se denominan las úlceras por presión acaecidas por mecanismos de presión y roce derivados del uso de materiales empleados en un tratamiento?

a) Mecánicas.
b) Físicas.
c) Iatrogénicas.
d) Idiopáticas.

20. En posición de Fowler, la úlcera por presión aparecerá menos frecuentemente en:

a) Talón.
b) Dedos de los pies.
c) Codos.
d) Sacro.

En MADTEST tienes **más preguntas de este tema**, y todos tus avances quedan registrados y se reflejan en el ranking.

¡Supera tus límites con MADTEST!

Solución al test n.º 13

1. a) La necrosis.

2. a) En personas encamadas.

3. b) Superficie afectada y tamaño de la lesión.

4. b) 16-33.

5. d) Presiones directas ejercidas sobre la piel, presiones indirectas por rozamientos y presiones indirectas por cizallamiento.

6. c) En adultos jóvenes.

7. a) Tiempo de exposición.

8. c) La pérdida de sensibilidad.

9. a) Parálisis.

10. d) Todo lo anterior es cierto.

11. a) El colchón o asiento sobre el que reposa el enfermo y por otro la superficie ósea del paciente.

12. a) Individuos operados de fractura de cabeza de fémur, pelvis o extremidades inferiores.

13. a) Enfermos psiquiátricos sometidos a fuertes dosis de sedantes.

14. b) Disminución circulatoria que conlleva a una desnutrición de los tejidos.

15. c) Dos a tres horas.

16. b) Dedos de los pies.

17. a) La tuberosidad isquiática.

18. d) Sacro.

19. c) Iatrogénicas.

20. b) Dedos de los pies.

TEST N.º 14

Infección nosocomial: Definición, cadena epidemiológica de la infección nosocomial, barreras higiénicas, consecuencia de las infecciones nosocomiales. Medidas de aislamiento, descripción y tipos de aislamiento, precauciones. Importancia del lavado de manos para evitar las infecciones cruzadas

1. ¿A qué corresponde esta definición: "asociación con beneficios para agente y huésped"?

a) Parasitismo.
b) Simbiosis.
c) Comensalismo.
d) Amebiasis.

2. ¿Cómo se denomina la relación de interacción entre agente causal y huésped cuando existe beneficio para el agente o el huésped, pero sin perjuicio para el otro?

a) Saprofitismo.
b) Simbiosis.
c) Parasitismo.
d) Comensalismo.

3. En epidemiología se entiende por virulencia:

a) La habilidad de un agente causal para producir reacción inmunológica local o general.
b) El grado o cantidad de enfermedad que puede producir el agente causal.
c) La capacidad para dar lugar a una enfermedad, una vez infectado un huésped.
d) La cantidad de eslabones que posee una enfermedad transmisible.

4. ¿Qué término es sinónimo de inmunogenicidad?

a) Inmunoclisis.
b) Antigenicidad.

c) Virulencia.

d) Contagiosidad.

5. ¿A qué grupo pertenece aquel biológico que resulta poco probable que cause una enfermedad en el hombre, en función del riesgo de infección? Grupo...

a) 1.

b) 2.

c) 3.

d) 4.

6. ¿Cómo se denomina la capacidad del agente etiológico para extenderse?

a) Contagiosidad.

b) Infectividad.

c) Patogenicidad.

d) Virulencia.

7. Se define como infectividad:

a) La capacidad de virulencia del agente causal.

b) La capacidad para ocasionar o dar lugar a una enfermedad.

c) El grado o cantidad de enfermedad que puede producir el agente causal.

d) La capacidad para multiplicarse el agente causal en los tejidos, dando o no lugar enfermedad.

8. Generalmente la fuente de la enfermedad transmisible suele ser la misma que:

a) El reservorio.

b) El portador sano.

c) El huésped susceptible.

d) El huésped refractario.

9. ¿Cuáles son los factores epidemiológicos secundarios?

a) Clima.

b) Tabaco.

c) Sexo.

d) Clima y sexo.

10. El suelo en la cadena epidemiológica se comporta como:

a) Reservorio exclusivamente.

b) Mecanismo de transmisión exclusivamente.

c) Reservorio o mecanismo de transmisión.
d) Huésped refractario o vía de contagio.

11. La triada epidemiológica relaciona:

a) Al agente causal, huésped susceptible y ambiente.
b) Al agente causal, huésped susceptible y reservorio.
c) Al agente causal, huésped susceptible y mecanismo de transmisión.
d) Al agente causal, huésped susceptible y factores epidemiológicos secundarios.

12. ¿A qué hace referencia la definición: "Todo ser animado o inanimado, en los que el agente etiológico se reproduce y se perpetúa en un ambiente natural del que depende para su supervivencia"?

a) Reservorio.
b) Fuente de infección.
c) Fuente de contagio.
d) Fuente adicional.

13. ¿Cuál de estas se considera la fuente de infección más importante para el hombre en epidemiología?

a) Una fuente homóloga.
b) Una fuente heteróloga.
c) Fuente animal.
d) Fuente inanimada.

14. ¿Cómo ocurren las infecciones autógenas?

a) Ocurre por microorganismo que están generalmente en los animales.
b) Ocurre por microorganismo que están de forma habitual en el hombre.
c) Ocurre por microorganismo que están de forma habitual en el suelo.
d) Ninguna es correcta.

15. ¿Qué fuentes de las infecciones es homóloga?

a) Animales.
b) Objetos inanimados.
c) Personas.
d) Suelo.

16. ¿Cuál es una vía de eliminación de carga viral si las secreciones que se lanzan al exterior son gotas de Flügge?

a) Vía cutánea.
b) Vía digestiva.

c) Vía genitourinaria.
d) Vía respiratoria.

17. ¿Qué tipo de portador, dentro del reservorio humano, es aquel que elimina gérmenes no patógenos?

a) Portador precoz.
b) Portador convaleciente.
c) Portador paradójico.
d) Portador sano

18. ¿Qué es la tasa de prevalencia?

a) Nº de personas portadoras en un período/nº de personas observadas en el período x meses de observación.
b) Nº de casos positivos/personas totales en un período específico.
c) Nº de casos negativos/nº de análisis realizados.
d) Ninguna es correcta.

19. ¿Qué es el nº de personas portadoras en un período/nº de personas observadas en el período x meses de observación?

a) La tasa de prevalencia.
b) Tiempo expuesto.
c) La tasa de incidencia.
d) Ninguna es correcta.

20. ¿Qué enfermedad transmisible posee un grado muy bajo de contagiosidad?

a) Lepra.
b) Covid-19.
c) Varicela.
d) Gripe.

En MADTEST tienes **más preguntas de este tema**, y todos tus avances quedan registrados y se reflejan en el ranking.

¡Supera tus límites con MADTEST!

Solución al test n.º 14

1. b) Simbiosis.

2. d) Comensalismo.

3. b) El grado o cantidad de enfermedad que puede producir el agente causal.

4. b) Antigenicidad.

5. a) 1.

6. a) Contagiosidad.

7. d) La capacidad para multiplicarse el agente causal en los tejidos, dando o no lugar enfermedad.

8. a) El reservorio.

9. d) Clima y sexo.

10. c) Reservorio o mecanismo de transmisión.

11. a) Al agente causal, huésped susceptible y ambiente.

12. a) Reservorio.

13. a) Una fuente homóloga.

14. b) Ocurre por microorganismo que están de forma habitual en el hombre.

15. c) Personas.

16. d) Vía respiratoria.

17. c) Portador paradójico.

18. b) Nº de casos positivos/personas totales en un período específico.

19. c) La tasa de incidencia.

20. a) Lepra.

TEST N.º 15

**Actividades del Auxiliar de Enfermería en Atención Primaria y
Atención Especializada. Coordinación entre niveles asistenciales.
Concepto: cuidados, necesidades básicas y autocuidados.
El hospital y los problemas psicosociales y de adaptación
del paciente hospitalizado**

1. Cuando en un sistema de atención a la salud hablamos de Atención Secundaria hacemos referencia:

a) Al nivel más básico y elemental del sistema.
b) A un nivel no básico sino especializado.
c) A un nivel superespecializado del sistema.
d) Ninguna respuesta es correcta.

2. Señale la respuesta incorrecta respecto al concepto de Atención Primaria:

a) Constituye el primer nivel de acceso ordinario de la población al Sistema Sanitario Público, y se caracteriza por prestar atención integral a la salud.
b) En los servicios de Atención Primaria el usuario halla respuesta a sus problemas más habituales de salud y enfermedad, y sólo cuando el diagnóstico y tratamiento lo requieran y ya no pueda ser atendido con los medios de ese primer nivel, será derivado a la Atención Especializada.
c) La Atención Primaria se desarrolla al principio de la década de los sesenta, como una reacción en contra del sistema sanitario básicamente hospitalario y curativo, especializado, costoso, tecnificado, y alejado del individuo.
d) En los servicios de Atención Primaria el usuario halla respuesta a sus problemas más habituales de salud y enfermedad, y sólo cuando el diagnóstico y tratamiento lo requieran y ya no pueda ser atendido con los medios de ese primer nivel, será derivado a la Atención Especializada.

3. ¿Dónde se realizó la Conferencia Internacional sobre Atención Primaria de Salud en la que se definió en su punto VI lo que debe entenderse por Atención Primaria?

a) En Boston.
b) En Berlín.
c) En Kiev.
d) En Alma-Ata.

4. ¿En qué fecha se hizo pública en Alma-Ata, capital de Kazajstán, antigua República Soviética, la Conferencia Internacional sobre Atención Primaria de Salud?

a) El 12 de septiembre de 1978.
b) El 15 de octubre de 1978.
c) El 19 de noviembre de 1978.
d) El 2 de enero de 1980.

5. Una de las características de la Atención Primaria de Salud:

a) Los Ambulatorios y los Consultorios han venido a sustituir a los Centros de Salud.
b) Se han instaurado nuevos horarios y régimen de personal, ya no es necesario una dedicación exclusiva al sistema sanitario público por parte de los profesionales.
c) Surge una nueva sectorización del territorio, desaparecen las Zonas Básicas de Salud.
d) Se crean nuevos profesionales que se incorporan, tales como los Trabajadores Sociales, Odontólogos, Farmacéuticos y Veterinarios y los Técnicos de Salud Pública.

6. Señale cuál de las siguientes no es una de las características de la Atención Primaria de Salud:

a) Se establecen nuevos servicios como la cita previa programada, Historia Clínica familiar e individual, Consultas de Enfermería, Consultas del «niño sano», Servicios de Información al Usuario, etc.
b) Surge una nueva concepción de la asistencia sanitaria, individual y colectiva, en la que no sólo se curan individuos enfermos sino que se promociona la salud y se educan individuos sanos.
c) Desaparecen antiguas áreas asistenciales tales como Salud laboral, Salud Mental, Asistencia social, Enfermos crónicos, etc.
d) Se crea una nueva sectorización del territorio, las Zonas Básicas de Salud.

7. Uno de los objetivos de la Atención Primaria de Salud es:

a) La promoción de la salud, prevención de la enfermedad y asistencia curativa.
b) La educación sanitaria de la población.
c) La planificación, organización y dirección y evaluación de los servicios sanitarios.
d) Todas las respuestas son correctas.

8. Uno de los objetivos de la Atención Primaria de Salud es:

a) La integración de la actividad sanitaria asistencial y la preventiva.
b) La elevación del nivel de calidad del sistema de salud, y del grado de satisfacción de usuarios y profesionales.
c) El diagnóstico continuado de la salud de la Zona.
d) Todas las respuestas son correctas.

9. ¿En qué se diferencia la Atención Especializada de la Atención Primaria?

a) En que la Atención Especializada se presta en régimen ambulatorio y la Atención Primaria no.
b) En que la Atención Especializada se presta en régimen de urgencias y la Atención Primaria no.
c) En que sólo la Atención Especializada ofrece la asistencia en régimen de internamiento.
d) Todas las respuestas son correctas.

10. ¿Cuál es la estructura física fundamental de la Atención Especializada?

a) El Centro de Salud.
b) El Ambulatorio.
c) El Consultorio.
d) El Hospital.

11. Uno de los objetivos de la Atención Especializada es:

a) Prestar asistencia ambulatoria especializada.
b) Posibilitar la hospitalización de los pacientes que lo precisen.
c) Poner sus Centros e Instituciones a disposición de la investigación y docencia en materia de salud.
d) Todas las respuestas son correctas.

12. ¿Cuál de las siguientes no es una ventaja de trabajar con un modelo de enfermería?

a) La valoración se hace sobre la base de los signos y síntomas.
b) La atención prestada es integral.
c) Permite llevar a cabo todo el proceso de atención de enfermería.
d) La valoración se hace sobre la base de respuestas humanas.

13. Se considera matriarca de la enfermería a:

a) Virginia Henderson.
b) Nancy Roper.
c) Dorotea Orem.
d) Florence Nightingale.

14. ¿Cuál de las siguientes autoras pertenece al modelo de relaciones interpersonales?

a) Nancy Roper.
b) Callista Roy.
c) Orlando.
d) Virginia Henderson.

15. ¿A qué modelo de enfermería pertenece Hildegarde Peplau?

a) Modelos de sistemas.
b) Modelos de autocuidados.

c) Modelos interaccionistas.
d) Modelos naturistas.

16. ¿Cuál de las siguientes son necesidades básicas del paciente, según Virginia Henderson?

a) Realizar prácticas religiosas según la fe de cada uno.
b) Eludir los riesgos del entorno y evitar lesionar a otros.
c) Moverse y mantener la posición deseada.
d) Todas son correctas.

17. La meta de Virginia Henderson es:

a) La adaptación del paciente.
b) El máximo grado de crecimiento personal del paciente.
c) Identificar las necesidades del paciente.
d) La independencia del paciente.

18. ¿Qué autora señala tres niveles en la relación enfermera-paciente?

a) Virginia Henderson.
b) Travelbee.
c) Orlando.
d) Hildegarde Peplau.

19. Según Dorotea Orem, la función de enfermería es:

a) Apreciar las necesidades básicas humanas.
b) Facilitar atención para influir de alguna forma sobre el paciente con el fin de que este evolucione y llegue a conseguir un óptimo nivel de autocuidado.
c) Diagnosticar y tratar si la situación lo exige.
d) Ayudar a las personas sanas y enfermas.

20. Según Dorotea Orem, el Sistema en el que enfermera y paciente realizan medidas de asistencia y otras actividades manipulativas o de deambulación, se denomina:

a) Sistema de enfermería educativo.
b) Sistema de enfermería parcialmente compensador.
c) Sistema de enfermería totalmente compensador.
d) Sistema de apoyo.

En MADTEST tienes **más preguntas de este tema**, y todos tus avances quedan registrados y se reflejan en el ranking.

¡Supera tus límites con MADTEST!

Solución al test n.º 15

1. b) A un nivel no básico sino especializado.

2. c) La Atención Primaria se desarrolla al principio de la década de los sesenta, como una reacción en contra del sistema sanitario básicamente hospitalario y curativo, especializado, costoso, tecnificado, y alejado del individuo.

3. d) En Alma-Ata.

4. a) El 12 de septiembre de 1978.

5. d) Se crean nuevos profesionales que se incorporan, tales como los Trabajadores Sociales, Odontólogos, Farmacéuticos y Veterinarios y los Técnicos de Salud Pública.

6. c) Desaparecen antiguas áreas asistenciales tales como Salud laboral, Salud Mental, Asistencia social, Enfermos crónicos, etc.

7. d) Todas las respuestas son correctas.

8. d) Todas las respuestas son correctas.

9. c) En que sólo la Atención Especializada ofrece la asistencia en régimen de internamiento.

10. d) El Hospital.

11. d) Todas las respuestas son correctas.

12. a) La valoración se hace sobre la base de los signos y síntomas.

13. d) Florence Nightingale.

14. c) Orlando.

15. c) Modelos interaccionistas.

16. d) Todas son correctas.

17. d) La independencia del paciente.

18. d) Hildegarde Peplau.

19. b) Facilitar atención para influir de alguna forma sobre el paciente con el fin de que este evolucione y llegue a conseguir un óptimo nivel de autocuidado.

20. b) Sistema de enfermería parcialmente compensador.

TEST N.º 16

Posiciones anatómicas. Atención y preparación del paciente para una exploración o intervención quirúrgica: Atención en las fases: pre-operatorio, intervención y post-operatorio

1. ¿Cuál de estas posiciones consideras no quirúrgica?

a) Posición de Trendelenburg.
b) Posición genupectoral.
c) Posición de Sims.
d) Posición ginecológica.

2. ¿Cuál de estas posiciones consideras quirúrgica?

a) Posición de Trendelenburg.
b) Posición de decúbito prono.
c) Posición de Fowler.
d) Posición de Sims.

3. En la posición de Kraske el paciente está en:

a) Posición de decúbito supino.
b) Posición de decúbito prono.
c) Posición de Fowler.
d) Posición ginecológica.

4. La posición de Kraske se emplea en:

a) Pacientes que presenten problemas digestivos con reflujo gastrointestinal, hernias de hiato y enfermedades respiratorias.
b) Pacientes que presenten problemas cardíacos.
c) Cirugía coxígea.
d) Posición antishock.

5. En la posición de laminectomía el paciente está en:

a) Decúbito prono, con el tronco elevado.
b) Variante de la posición de Sims.
c) Variante de la posición de Roser.
d) Decúbito supino, con el tronco descendido.

6. La posición de laminectomía se emplea en:

a) Exploración de recto y previa a colonoscopias.
b) Intervenciones de hernias discales a nivel lumbar o torácico del raquis.
c) Cirugía digestiva de intestino grueso.
d) Intervenciones de vesícula biliar y previa a laparoscopia.

7. En la posición de craneotomía el paciente está en:

a) En decúbito supino, con el tronco elevado.
b) El paciente está en decúbito prono con la cabeza sobresaliendo del borde de la mesa y la frente apoyada en un soporte en que la cabeza queda suspendida y alineada con el resto del cuerpo.
c) En posición de semiFowler con apoyo vertebral.
d) Nada de lo anterior.

8. La posición de craneotomía se emplea en:

a) Intervenciones de mama.
b) Intervenciones de tórax.
c) Operaciones donde es necesaria la rotura ósea de cráneo.
d) Intervenciones de hernias discales.

9. ¿De qué posición es variante la posición de navaja sevillana?

a) De la posición de decúbito supino.
b) De la posición de decúbito prono.
c) De la posición de Fowler.
d) De la posición ginecológica.

10. ¿Para qué exploración se emplea la posición de navaja sevillana?

a) Coxis.
b) Axis.
c) Hemorroides.
d) Uréteres.

11. ¿Qué tiempo antes de la intervención el paciente permanecerá en dieta absoluta, no pudiendo tomar ni tan siquiera agua?

a) Entre 2 y 4 horas antes de la intervención.
b) Entre 8 y 10 horas antes de la intervención.
c) Entre 12 y 14 horas antes de la intervención.
d) Alrededor de 24 horas antes de la intervención.

12. ¿Qué cuidado previo de la intervención no es del todo cierto?

a) Identificar al paciente comprobando que todos los datos coinciden con los de la Historia Clínica.
b) Revisar el estado de la cama y vestir adecuadamente al paciente (bata corta y gorro dejando el pelo libre de cualquier tipo de broche u horquilla). Quitar cualquier tipo de prótesis que presente el paciente así como cualquier joya, que deberán ser entregadas a los familiares.
c) Comprobar que ha permanecido en ayunas 24-36 horas antes de la intervención.
d) Todos los enfermos (excepto los que presenten problemas urológicos) deben orinar antes de que les sea administrada la premedicación.

13. La familia del paciente que va a ser intervenido quirúrgicamente debe recibir información acerca de:

a) Dónde permanecer hasta que el enfermo regrese a la habitación.
b) Qué tiempo suele tardar ese tipo de intervención y saber cómo se encuentra el paciente tras la intervención.
c) Quién y cómo va a recibir información acerca de la intervención.
d) Debe conocer todo lo anterior.

14. Se llama en cirugía premedicación a:

a) Los procedimientos y cuidados que se realizan al paciente antes de la cirugía.
b) La medicación que se administra al paciente en el preoperatorio inmediato.
c) La medicación que se administra al paciente en el preoperatorio mediato.
d) La medicación que se administra al paciente en el posoperatorio inmediato.

15. ¿Dónde incluirías a las benzodiacepinas dentro de la premedicación quirúrgica?

a) Dentro de los tranquilizantes.
b) Dentro de los opiáceos.
c) Dentro de los anticolinérgicos.
d) Dentro de los antibióticos.

16. ¿Qué es falso del bloque quirúrgico?

a) En él trabaja tanto personal sanitario como no sanitario.

b) Suele situarse en una zona del hospital tumultuosa y con tránsito de personas, aunque mal comunicada con el resto de las unidades, para que a ella lleguen nadie más que los interesados.

c) Posee un conjunto de instalaciones acondicionadas y equipadas para poder realizar en ellas las intervenciones quirúrgicas con las mayores garantías.

d) Está funcional y físicamente diferenciado del resto del hospital.

17. Respecto al bloque quirúrgico, todo lo que se dice es cierto, excepto que:

a) Está situado en una zona del hospital tranquila.

b) El personal asignado al servicio, puede ser sanitario y no sanitario, pero cualificado para realizar eficientemente sus funciones.

c) Debe estar mal comunicado con el resto de las unidades del hospital.

d) Debe poseer poco tránsito de personas.

18. ¿Cuál es la zona del bloque quirúrgico semipública en la que no es necesario el pijama de quirófano para circular por ella, donde se recepciona a los pacientes?

a) Área de intercambio.

b) Área limpia.

c) Área estéril.

d) Área sucia.

19. ¿Cuántas veces se renueva el aire por hora en el bloque quirúrgico, mediante sistema independiente de climatización?

a) 5 a 10 veces.

b) 10 a 15 veces.

c) 15 a 20 veces.

d) 25 a 30 veces.

20. Los almacenes para guardar el material quirúrgico, aparatos, sueros, camillas, farmacia en general, etc., existentes en el bloque quirúrgico pertenecen al área:

a) De intercambio.

b) Estéril.

c) Sucia.

d) Limpia.

En MADTEST tienes **más preguntas de este tema**, y todos tus avances quedan registrados y se reflejan en el ranking.

¡Supera tus límites con MADTEST!

Solución al test n.º 16

1. c) Posición de Sims.

2. a) Posición de Trendelenburg.

3. b) Posición de decúbito prono.

4. c) Cirugía coxígea.

5. a) Decúbito prono, con el tronco elevado.

6. b) Intervenciones de hernias discales a nivel lumbar o torácico del raquis.

7. b) El paciente está en decúbito prono con la cabeza sobresaliendo del borde de la mesa y la frente apoyada en un soporte en que la cabeza queda suspendida y alineada con el resto del cuerpo.

8. c) Operaciones donde es necesaria la rotura ósea de cráneo.

9. b) De la posición de decúbito prono.

10. c) Hemorroides.

11. b) Entre 8 y 10 horas antes de la intervención.

12. c) Comprobar que ha permanecido en ayunas 24-36 horas antes de la intervención.

13. d) Debe conocer todo lo anterior.

14. b) La medicación que se administra al paciente en el preoperatorio inmediato.

15. a) Dentro de los tranquilizantes.

16. b) Suele situarse en una zona del hospital tumultuosa y con tránsito de personas, aunque mal comunicada con el resto de las unidades, para que a ella lleguen nadie más que los interesados.

17. c) Debe estar mal comunicado con el resto de las unidades del hospital.

18. a) Área de intercambio.

19. c) 15 a 20 veces.

20. a) De intercambio.

Atención y cuidados del paciente en las necesidades de movilización. Movilidad e inmovilidad física, factores que afectan la movilidad. Técnicas de ayuda a la deambulación. Procedimientos de traslado del paciente. Riesgo de caídas, medidas preventivas. Uso correcto dispositivos de ayuda

1. El aparato locomotor se encarga de:

a) La estática.
b) El desplazamiento.
c) Dar respuesta sensitiva.
d) El equilibrio ortostático.

2. ¿Qué porción anatómica no forma parte del aparato locomotor?

a) Músculos.
b) Huesos.
c) Articulaciones.
d) Nervios.

3. ¿Qué hueso es largo?

a) Húmero.
b) Escafoides.
c) Calcáneo.
d) Coxal.

4. ¿Qué hueso es corto?

a) Ganchoso.
b) Peroné.
c) Tibia.
d) Cúbito.

5. ¿Qué hueso es plano?

a) Fémur.
b) Omóplato.
c) Astrágalo.
d) Clavícula.

6. ¿Cuántas piezas óseas fijas posee nuestro esqueleto?

a) 157.
b) 193.
c) 206.
d) 214.

7. ¿Qué hueso es radiado?

a) Fémur.
b) Esfenoides.
c) Hioides.
d) Tiroides.

8. ¿Qué hueso es arqueado?

a) Radio.
b) Etmoides.
c) Hioides.
d) Unguis.

9. ¿Qué hueso es papiráceo?

a) Húmero.
b) Etmoides.
c) Mandíbula.
d) Peroné.

10. ¿Cómo se denominan los huesos en los que predomina la anchura sobre las demás dimensiones?

a) Huesos planos.
b) Huesos largos.
c) Huesos cortos.
d) Huesos irregulares.

11. ¿Cómo se denominan los huesos que presentan un cuerpo más o menos voluminoso del que parten una serie de ramificaciones?

a) Huesos radiados.
b) Huesos arqueados.
c) Huesos papiráceos.
d) Huesos anchos.

12. ¿Qué eje predomina en los huesos largos?

a) El eje longitudinal.
b) El eje transversal.
c) El eje sagital.
d) El eje horizontal.

13. ¿Dónde se produce la sangre?

a) En la médula del sistema nervioso central.
b) En la médula de nuestros huesos.
c) En la cavidad abdominal.
d) En la cavidad pélvica.

14. ¿Qué componente es el esencialmente el osteoide de los huesos?

a) Mineral.
b) Colágeno.
c) Azúcar.
d) Lípido.

15. ¿Qué sustancia mineral es la más abundante en los cristales de hidroxiapatita del hueso?

a) Calcio.
b) Magnesio.
c) Potasio.
d) Sodio.

16. ¿De qué tipo de tejido básico es variante el tejido óseo?

a) De tejido fibroso.
b) De tejido conjuntivo.
c) De tejido nervioso.
d) De tejido epitelial.

17. ¿Qué células son las productoras de la sustancia osteoide?

a) Osteoblasto.
b) Célula osteógena.
c) Célula osteoprogenitora.
d) Osteoclasto.

18. El osteoide lo conforman:

a) La sustancia fundamental ósea y las células óseas.
b) La sustancia fundamental ósea y las fibras de colágeno.
c) Las células óseas y las fibras.
d) La sustancia fundamental ósea, las células óseas y las fibras.

19. La célula destructora de hueso se llama:

a) Osteoblasto.
b) Osteocito.
c) Célula osteoprogenitora.
d) Osteoclasto.

20. ¿Qué fibras son las que son mayoritarias en el tejido óseo?

a) Fibras de Lys.
b) Fibras de reticulina.
c) Fibras elásticas.
d) Fibras colágenas.

En MADTEST tienes **más preguntas de este tema**, y todos tus avances quedan registrados y se reflejan en el ranking.

¡Supera tus límites con MADTEST!

Solución al test n.º 17

1. b) El desplazamiento.

2. d) Nervios.

3. a) Húmero.

4. a) Ganchoso.

5. b) Omóplato.

6. c) 206.

7. b) Esfenoides.

8. c) Hioides.

9. b) Etmoides.

10. a) Huesos planos.

11. a) Huesos radiados.

12. a) El eje longitudinal.

13. b) En la médula de nuestros huesos.

14. b) Colágeno.

15. a) Calcio.

16. b) De tejido conjuntivo.

17. a) Osteoblasto.

18. b) La sustancia fundamental ósea y las fibras de colágeno.

19. d) Osteoclasto.

20. d) Fibras colágenas.

TEST N.º 18

Anatomía y fisiología del Aparato Digestivo. Atención y cuidados del paciente en las necesidades de Alimentación: Dietas terapéuticas. Vías de alimentación: oral, enteral y parenteral: apoyo de comidas a pacientes. Administración de alimentos por sonda nasogástrica

1. Las pequeñas hemorragias en un estoma se producen:

a) Por déficit de vitamina K.
b) Por déficit de hierro.
c) Por infecciones recidivantes del estoma y poca higiene local del mismo.
d) Por pequeños traumatismos al limpiar el estoma.

2. ¿Qué huesos de la cabeza intervienen en la formación del paladar duro?

a) Palatinos y maxilares.
b) Cigomáticos y maxilares.
c) Cigomáticos y palatinos.
d) Unguis y palatinos.

3. ¿Qué papilas de la lengua forman la V lingual?

a) Caliciformes.
b) Filiformes.
c) Mucosas.
d) Fungiformes.

4. ¿Qué estructura dentaria presenta una corona cuadrangular con dos cúspides y raíz simple?

a) Incisivo.
b) Canino.
c) Premolar.
d) Molar.

5. La dentición primera en la especie humana es la dentición:

a) Temporal.
b) Definitiva.
c) Permanente.
d) Secundaria

6. ¿Qué músculos de estos durante la masticación no tiran de la mandíbula hacia arriba?

a) Temporales.
b) Pterigoideos internos.
c) Digástricos.
d) Maseteros.

7. ¿Qué tramo vertebral aproximadamente es el del esófago?

a) Desde la vértebra C2 a D7.
b) Desde la vértebra C3 a D10.
c) Desde la vértebra C6 a D11.
d) Desde la vértebra C5 a L3.

8. La zona de entrada al estómago se llama:

a) Fundus.
b) Fórnix.
c) Cardias.
d) Píloro.

9. ¿Qué mide en condiciones normales las asas intestinales (intestino delgado) en un adulto (en metros)?

a) De 2 a 3.
b) De 4 a 5.
c) De 6 a 7.
d) De 9 a 10.

10. ¿Qué porción del intestino grueso cruza la cavidad abdominal de derecha a izquierda?

a) Recto.
b) Ciego.
c) Colon sigmoideo.
d) Colon transverso.

11. ¿Qué músculo forma el esfínter esofágico superior?

a) El músculo hioideofaríngeo.
b) El músculo tirocricoideo.
c) El músculo cricofaríngeo.
d) Ninguno de los anteriores.

12. ¿Qué esfínter delimita el final del esófago y el comienzo del estómago?

a) Píloro.
b) Zenker.
c) Cardias.
d) Bahuin.

13. ¿Cuál es el conducto de salida de la saliva a la boca de las glándulas parótidas?

a) Conducto de Stenon.
b) Conducto de Warton.
c) Conducto de Rivinus.
d) Conducto de Walter.

14. ¿Qué glándulas salivales son las de mayor tamaño?

a) Parótidas.
b) Submandibulares.
c) Submaxilares.
d) Sublinguales.

15. Sinónimo de ptialismo es:

a) Sialonco.
b) Sialorrea.
c) Sialosquesis.
d) Sialodoquitis.

16. ¿Cómo se denomina el conducto principal del páncreas secretor de jugo pancreático a duodeno?

a) Conducto de Vater.
b) Conducto de Santorini.
c) Conducto de Wirsung.
d) Conducto de Bahuin.

17. El peso del hígado (en gramos) de un adulto está en torno a los:

a) 950.
b) 1200.
c) 1500.
d) 2500.

18. ¿Qué produce la bilis?

a) La vesícula biliar.
b) El hígado.
c) El páncreas.
d) Los tres anteriores.

19. ¿Cuál es la víscera más voluminosa de nuestro cuerpo?

a) Páncreas.
b) Hígado.
c) Estómago.
d) Tiroides.

20. ¿Qué produce las ulceraciones del estoma?

a) La aplicación sucesiva de las bolsas.
b) El uso inadecuado del dispositivo recolector.
c) Una alteración de la circulación de la sangre en la zona.
d) La progresión del tumor maligno.

En MADTEST tienes **más preguntas de este tema**, y todos tus avances quedan registrados y se reflejan en el ranking.

¡Supera tus límites con MADTEST!

Solución al test n.º 18

1. b) El desplazamiento.

2. d) Nervios.

3. a) Húmero.

4. a) Ganchoso.

5. b) Omóplato.

6. c) 206.

7. b) Esfenoides.

8. c) Hioides.

9. b) Etmoides.

10. a) Huesos planos.

11. a) Huesos radiados.

12. a) El eje longitudinal.

13. b) En la médula de nuestros huesos.

14. b) Colágeno.

15. a) Calcio.

16. b) De tejido conjuntivo.

17. a) Osteoblasto.

18. b) La sustancia fundamental ósea y las fibras de colágeno.

19. d) Osteoclasto.

20. d) Fibras colágenas.

Atención y cuidados del paciente en relación con las necesidades de eliminación. Diuresis y defecación: Factores que afectan a la defecación, tipos de enemas, administración de enemas. Conocimiento y actividades de colaboración para la realización de los sondajes del aparato urinario, digestivo y rectal

1. La dentina del diente está protegida por:

a) La pulpa.
b) El cuello.
c) El cemento.
d) Ninguna opción es correcta.

2. Los dientes que presentan una corona de forma cónica o puntiaguda y raíz simple son:

a) Caninos.
b) Incisivos.
c) Premolares.
d) Molares.

3. La dentición definitiva consta de:

a) 20 piezas.
b) 32 piezas.
c) 38 piezas.
d) 28 piezas.

4. Pieza dentaria con corona de borde cortante y raíz única. Se trata de un:

a) Canino.
b) Premolar.
c) Incisivo.
d) Molar.

5. Respecto a la dentición, se puede afirmar que:

a) La dentición temporal consta de 32 piezas.
b) Los premolares no están presentes en la dentición temporal.
c) Existen dos premolares en cada hemiarcada dentaria, cuando se trata de una dentición de leche.
d) Los molares poseen una sola raíz.

6. El cardias:

a) Es una válvula cardiaca.
b) Es un esfínter situado entre el esófago y el estómago.
c) Es un esfínter localizado entre el estómago y el duodeno.
d) Es una válvula situada entre la aurícula derecha y ventrículo del mismo lado en el corazón.

7. El píloro:

a) Es un esfínter anatómico y funcional.
b) Separa el antro pilórico del estómago de la primera porción del intestino delgado (duodeno).
c) Es un esfínter anatómico pero no funcional.
d) Las opciones a) y b) son correctas.

8. De los siguientes tipos de células, ¿cuáles son las encargadas de producir el denominado factor intrínseco de Castle?

a) Células parietales.
b) Células principales.
c) Células duodenales.
d) Células secundarias.

9. Las células principales del estómago son productoras de:

a) Pepsina.
b) ClH.
c) Factor intrínseco.
d) Mucina.

10. Las células parietales del estómago son productoras de (indique la incorrecta):

a) Ácido clorhídrico.
b) Factor intrínseco.
c) ClH.
d) Pepsina.

11. El enema moliente está compuesto de:

a) Agua y sal.
b) Sustancia lubricantes combinados con agua.
c) Agua y glicerina.
d) Sustancias nutritivas.

12. El enema opaco es un enema:

a) De limpieza.
b) Alimenticio.
c) De retención.
d) Para matar o inactivar microorganismos.

13. En la historia clínica de un paciente de la unidad de digestivo se prescribe la realización del denominado enema baritado; ¿para qué se utiliza este tipo de enema?

a) Para lubricar la mucosa del recto.
b) Para introducir medicamentos.
c) Para facilitar el diagnóstico de determinadas patologías.
d) Para extraer fecalomas.

14. La posición para administrar un enema de limpieza es:

a) Trendelenburg.
b) Sims.
c) Fowler.
d) Genupectoral.

15. Las características de las heces en una colostomía ascendente son:

a) Son semilíquidas y continuas.
b) Van de semilíquido a sólido y con una frecuencia de eliminación de 1 a 2 veces al día.
c) Son sólidas y con una frecuencia de eliminación de 1 a 2 veces al día.
d) Las mismas características que la colostomía sismoidea.

16. ¿Cuál de los siguientes alimentos provocará más olor en las heces de un paciente con una colostomía?

a) Coliflor.
b) Mantequilla.
c) Yogurt.
d) Cítricos.

17. El tipo de urostomía que consiste en la implantación o inserción de un catéter en la pelvis renal se llama:

a) Ureterostomía cutánea.
b) Ureteroileostomía.
c) Nefrostomía.
d) Citostomía.

18. Entre las complicaciones de los estomas, aquella que se caracteriza por presentar un estoma elongado y edematoso con retorno deficiente de la solución de irrigación se denomina:

a) Prolapso.
b) Retracción.
c) Ulceración.
d) Herniación.

19. ¿Cuál de las siguientes estructuras de la nefrona está situada en la corteza renal?

a) Cápsula de Bowman.
b) Asa de Henle.
c) Túbulo colector.
d) A y b son correctas.

20. La unidad estructural y funcional del riñón recibe el nombre de:

a) Corpúsculo renal.
b) Cáliz renal.
c) Nefrona.
d) Asa de Henle.

En MADTEST tienes **más preguntas de este tema**, y todos tus avances quedan registrados y se reflejan en el ranking.

¡Supera tus límites con MADTEST!

Solución al test n.º 19

1. c) El cemento.

2. a) Caninos.

3. b) 32 piezas.

4. c) Incisivo.

5. b) Los premolares no están presentes en la dentición temporal.

6. b) Es un esfínter situado entre el esófago y el estómago.

7. d) Las opciones a) y b) son correctas.

8. a) Células parietales.

9. a) Pepsina.

10. d) Pepsina.

11. b) Sustancia lubricantes combinados con agua.

12. c) De retención.

13. c) Para facilitar el diagnóstico de determinadas patologías.

14. b) Sims.

15. a) Son semilíquidas y continuas.

16. a) Coliflor.

17. c) Nefrostomía.

18. a) Prolapso.

19. a) Cápsula de Bowman.

20. c) Nefrona.

Principios anatomofisiológicos del aparato cardiovascular y respiratorio. Características fisiológicas de las constantes vitales y balance hídrico. Conceptos generales y valores normales. Métodos de administración de aerosolterapia oxigenoterapia. Colaboración en los cuidados del paciente con trastornos cardiorrespiratorios

1. ¿Cuál de estos grupos sanguíneos consideras como el receptor universal?

a) O-.
b) O+.
c) AB-.
d) AB+.

2. ¿Qué estructura del sistema cardiocirculatorio actúa como bomba?

a) Corazón.
b) Arterias.
c) Venas.
d) Son ciertas las respuestas a) y b).

3. El paso de agua desde el compartimento vascular al compartimento tisular da lugar a la formación del líquido:

a) Intravascular.
b) Intersticial.
c) Intracelular.
d) Plasmático.

4. ¿Entre qué vértebras está situado el corazón en el tórax?

a) Entre C7 y D3.
b) Entre D2 y D6.
c) Entre D5 y D8.
d) Entre D6 y D12.

5. ¿En qué cavidad más específicamente está el corazón?

a) Cavidad pleural.
b) Cavidad cardíaca.
c) Cavidad mediastínica.
d) Cavidad pleurocardíaca.

6. ¿Sobre qué espacio intercostal se desvía el corazón de la línea media?

a) Espacio intercostal 1.º
b) Espacio intercostal 3.º
c) Espacio intercostal 5.º
d) Espacio intercostal 7.º

7. ¿Cuánto pesa aproximadamente el corazón (en gramos)?

a) 150.
b) 300.
c) 500.
d) 750.

8. El corazón es esencialmente de naturaleza:

a) Epitelial.
b) Conjuntiva.
c) Muscular.
d) Nerviosa.

9. ¿Cuántas cavidades posee el corazón?

a) 3.
b) 4.
c) 5.
d) 6.

10. ¿De dónde nacen las denominadas como arterias coronarias?

a) Del propio corazón.
b) De la vena aorta.
c) De la arteria pulmonar.
d) De la arteria aorta.

11. La arteria aorta sale de:

a) El ventrículo izquierdo.
b) El ventrículo derecho.

c) La aurícula izquierda.
d) La aurícula derecha.

12. ¿En qué cavidad se sitúa la punta o vértice del corazón?

a) En el ventrículo izquierdo.
b) En el ventrículo derecho.
c) En la aurícula izquierda.
d) En la aurícula derecha.

13. ¿Qué afirmación es incorrecta a nivel anatómico?

a) La aurícula derecha se comunica con el ventrículo derecho.
b) La aurícula izquierda se comunica con el ventrículo izquierdo.
c) El ventrículo derecho se comunica con el ventrículo izquierdo.
d) El ventrículo izquierdo se comunica con la aorta.

14. ¿Qué grandes vasos llevan sangre venosa (pobre en oxígeno)?

a) Venas cavas y venas pulmonares.
b) Arteria aorta y arteria pulmonar.
c) Venas pulmonares y arteria pulmonar.
d) Venas cavas y arteria pulmonar.

15. ¿Qué válvula cardíaca separa aurícula y ventrículo derecho?

a) Válvula Mitral.
b) Válvula Tricúspide.
c) Válvula Sigmoidea aórtica.
d) Válvula Sigmoidea pulmonar.

16. ¿Qué válvula cardíaca separa ventrículo izquierdo de aorta?

a) Válvula Mitral.
b) Válvula Tricúspide.
c) Válvula Sigmoidea aórtica.
d) Válvula Sigmoidea pulmonar.

17. El seno coronario recoge sangre de:

a) Las arterias coronarias.
b) Las venas coronarias.
c) La cava superior.
d) La carótida común.

18. ¿Qué vaso o vasos se comunican con la aurícula izquierda?

a) Venas pulmonares, que son cuatro.
b) Venas pulmonares, que son dos.
c) Venas cavas, que son dos.
d) Vena aorta, que es una.

19. ¿Cómo se denomina la capa media del corazón?

a) Miocardio.
b) Pericardio.
c) Endocardio.
d) Epicardio.

20. El epicardio realmente es el:

a) Miocardio.
b) Pericardio visceral.
c) Endocardio.
d) Pericardio parietal.

En MADTEST tienes **más preguntas de este tema**, y todos tus avances quedan registrados y se reflejan en el ranking.

¡Supera tus límites con MADTEST!

Solución al test n.º 20

1. d) AB+.

2. a) Corazón.

3. b) Intersticial.

4. c) Entre D5 y D8.

5. c) Cavidad mediastínica.

6. c) Espacio intercostal 5.º

7. b) 300.

8. c) Muscular.

9. b) 4.

10. d) De la arteria aorta.

11. a) El ventrículo izquierdo.

12. a) En el ventrículo izquierdo.

13. c) El ventrículo derecho se comunica con el ventrículo izquierdo.

14. d) Venas cavas y arteria pulmonar.

15. b) Válvula Tricúspide.

16. c) Válvula Sigmoidea aórtica.

17. b) Las venas coronarias.

18. a) Venas pulmonares, que son cuatro.

19. a) Miocardio.

20. b) Pericardio visceral.

Atención y cuidados al paciente de Salud Mental en los ámbitos hospitalario y comunitario: Concepto de Trastorno Mental Grave, cuidados de necesidades básicas durante la hospitalización y en atención domiciliaria al paciente y familia cuidadora

1. La lentitud o inhibición del pensamiento que puede llegar hasta el bloqueo se denomina:

a) Taquipsiquia.
b) Bradifemia.
c) Bradipsiquia.
d) Verborrea.

2. ¿Qué aspecto es cierto del proceso de salud-enfermedad?

a) Es un proceso dinámico.
b) El estado de enfermedad no influye sobre los cambios económicos y sociales del individuo.
c) Nunca podrá aparecer una enfermedad mental como consecuencia de una situación marginal socioeconómica.
d) Todos los aspectos son ciertos.

3. ¿Qué concepto implica que el hecho de la existencia de una relación de afecto, emoción o sentimiento de la persona vaya a tener repercusiones somáticas positivas o negativas, tales como cefaleas, náuseas, diarreas, etc.?

a) El concepto de dinamismo.
b) El concepto de interacción.
c) El concepto de normalidad.
d) El concepto de aversión.

4. ¿Qué modelo de la teoría biologista sobre el origen de la salud mental es el que dice que la enfermedad se produce por dos causas, una de ella es un defecto biológico subyacente y la otra, una reacción compensatoria o adaptativa a este defecto?

a) Modelo físico-químico.
b) Modelo neuroanatómico.

c) Modelo de tensión.

d) Modelo biofísico.

5. ¿Qué teoría sobre el origen de la salud mental es aquella que define la enfermedad mental como un trastorno orgánico o enfermedad?

a) Teoría Ambientalista.

b) Teoría Biologista.

c) Teoría Ecológica.

d) Teoría Conductista.

6. ¿Con qué autor está relacionada la teoría psicodinámica sobre el origen de la salud mental?

a) Con Paulov.

b) Con Freud.

c) Con Skinner.

d) Con Seley.

7. ¿Qué autor de estos aporta la teoría conductista sobre el origen de la salud mental?

a) Skinner.

b) Honey.

c) Freud.

d) Sullivan.

8. La recompensa como medio de estímulo de conductas normales, o/y el castigo como medio de inhibir conductas anormales, entra dentro de las teorías sobre el origen de la salud mental de tipo:

a) Psicodinámico.

b) Biologista.

c) Humanista.

d) Conductista.

9. ¿Qué aspectos de la salud mental han sido reiteradamente olvidados a nivel histórico?

a) Aspectos o factores psíquicos.

b) Aspectos o factores físicos.

c) Aspectos o factores socioculturales.

d) Ninguno de los anteriores.

10. ¿Qué se entiende como aquel patrón de conducta realizado por un grupo de individuos, determinado por una forma de sentir y de pensar concretos?

a) Religión.

b) Socialización.

c) Cultura.
d) Festejos.

11. ¿Qué número de edición es la vigente del Manual diagnóstico y estadístico de los trastornos mentales de la Asociación Estadounidense de Psiquiatría (DSM)? La edición:

a) Segunda.
b) Tercera.
c) Cuarta.
d) Quinta.

12. ¿Cómo se denomina la edición vigente de la clasificación de los trastornos mentales de la Asociación Estadounidense de Psiquiatría de 2013?

a) DSM-3.
b) DSM-5.
c) DMS-2.
d) DMS-7.

13. ¿Cuántos grupos de enfermedad o trastornos incluye la actual clasificación de trastornos mentales de la Asociación Estadounidense de Psiquiatría DSM?

a) 18.
b) 22.
c) 30.
d) 35.

14. ¿En qué orden están las categorías diagnósticas de la DSM-5?

a) Según es el proceso, agudo o crónico.
b) Según es el cuadro y resultado del tratamiento curable o mejorable.
c) Según es el momento de aparición de la enfermedad (infancia…adultez).
d) Según es el pronóstico: leves, graves y muy graves.

15. ¿Qué clasificación de trastornos mentales recomienda la OMS que se use?

a) DSM- V.
b) CIE- 10.
c) DMS- III.
d) ASLO- V.

16. ¿Qué patologías de estas incluirías en las psicosis?

a) Esquizofrenia.
b) Depresión tipo neurosis.
c) Sociopatía (trastorno antisocial de la personalidad).
d) Ninguna es psicosis.

17. La ansiedad es un trastorno de tipo:

a) Psicótico.
b) Neurótico.
c) Sociopático.
d) Psicopático, asociado a toxicomanías.

18. ¿Qué modalidad de la ansiedad es aquella que se manifiesta por la presencia de un temor irracional y persistente ante un objeto específico, actividad y situación que determina una conducta de evitación (evitación, negación, racionalización...) del objeto o situación temidos?

a) Trastorno por ansiedad simple.
b) Trastorno por ansiedad generalizada.
c) Trastorno de ataque de angustia.
d) Trastorno fóbico.

19. ¿Qué característica presenta el nivel de ansiedad donde el individuo presenta una atención selectiva y un campo perceptivo disminuido?

a) Nivel de ansiedad leve.
b) Nivel de ansiedad moderado.
c) Nivel de ansiedad severo.
d) Ausencia.

20. El miedo irracional a los espacios abiertos se denomina:

a) Claustrofobia.
b) Dismorfobia.
c) Agorafobia.
d) Eritrofobia.

En MADTEST tienes **más preguntas de este tema**, y todos tus avances quedan registrados y se reflejan en el ranking.

¡Supera tus límites con MADTEST!

Solución al test n.º 21

1. c) Bradipsiquia.

2. a) Es un proceso dinámico.

3. b) El concepto de interacción.

4. d) Modelo biofísico.

5. b) Teoría Biologista.

6. b) Con Freud.

7. a) Skinner.

8. d) Conductista.

9. c) Aspectos o factores socioculturales.

10. c) Cultura.

11. d) Quinta.

12. b) DSM-5.

13. b) 22.

14. c) Según es el momento de aparición de la enfermedad (infancia…adultez).

15. b) CIE- 10.

16. a) Esquizofrenia.

17. b) Neurótico.

18. d) Trastorno fóbico.

19. b) Nivel de ansiedad moderado.

20. c) Agorafobia.

TEST N.º 22

Atención y cuidados en el anciano: Concepto de ancianidad, cuidados del anciano, cambios físicos asociados con el envejecimiento. Apoyo a la promoción de la salud y educación sanitaria. Medidas de apoyo a la persona cuidadora del anciano dependiente. Atención al paciente con demencia

1. ¿Qué aspecto de la valoración geriátrica integral no es cierto?

a) Nos permite identificar los recursos que mantiene la persona mayor.
b) Nos da información sobre qué servicios necesita el mayor concreto que se esté valorando.
c) No aporta detalles de cuáles pueden ser las posibilidades de mejoras del anciano.
d) Favorece el desarrollo de un plan de cuidados sobre el anciano valorado integralmente.

2. ¿Cuántos años aproximadamente más se incrementa la esperanza de vida en España al llegar una persona a la edad de 65 años?

a) Se incrementa aproximadamente 4 años.
b) Se incrementa aproximadamente 8 años.
c) Se incrementa aproximadamente 18 años.
d) Se incrementa aproximadamente 25 años.

3. ¿Qué factor de los que hay que tener en cuenta por el incremento de gerontes en la población es el que se traduce por un aumento de la frecuencia absoluta de enfermedades en el anciano?

a) Factor social.
b) Factor económico.
c) Factor terapéutico.
d) Factor epidemiológico.

4. ¿Qué edad en el anciano de las que se exponen está definida por el envejecimiento de sus órganos y tejidos?

a) Edad psíquica.
b) Edad fisiológica.

c) Edad cronológica.
d) Edad social.

5. La vejez propiamente dicha se denomina también:

a) Madurez precoz.
b) Decrepitud.
c) Madurez tardía.
d) Caquexia senil.

6. La senectud se caracteriza por:

a) Un marasmo senil.
b) La no persistencia de la vejez propiamente dicha.
c) La falta de alteraciones parenquimatosas y glandulares.
d) Nada de lo anterior.

7. La decrepitud senil se denomina:

a) Vejez senil o ancianidad.
b) Caquexia senil o ancianidad precoz.
c) Marasmo senil o ancianidad precoz.
d) Caquexia senil o marasmo senil.

8. ¿Qué edad se corresponde con el estado funcional de los órganos de nuestro cuerpo comparados con patrones estándar establecidos para cada edad o grupos de edad?

a) Edad cronológica.
b) Edad biológica.
c) Edad social.
d) Edad funcional.

9. ¿Qué edad expresa la capacidad de mantener los roles personales y la integración social del individuo en la comunidad, para lo que se precisa conservar razonables cotas de capacidades físicas?

a) Edad cronológica.
b) Edad biológica.
c) Edad psicológica.
d) Edad funcional.

10. ¿Cómo se denominará, atendiendo al índice de Sundbarg, la población que posee un valor del 15 %?

a) Población levemente progresiva.
b) Población muy progresiva.
c) Población estacionaria.
d) Población regresiva.

11. ¿Qué población predominará, según las edades, si el índice de Sundbarg vale 15 %?

a) Población joven, con más niños que propiamente jóvenes.
b) Población joven, con más jóvenes que niños.
c) Población de transición, entre jóvenes y ancianos (adultos no ancianos).
d) Población envejecida, donde predominan los ancianos sobre las demás edades.

12. ¿Cómo se denomina la relación que se produce al dividir a la población ≥ de 65 años entre la población de los menores de 0 a 14 años?

a) Tasa juvenil.
b) Coeficiente de juventud.
c) Índice de envejecimiento.
d) Índice de reposición.

13. Al conjunto de niveles de atención que, desde una óptica sanitaria y social, debe garantizar la calidad de vida de los ancianos habitantes de un área sectorizada, proporcionando respuestas adecuadas a las diferentes situaciones de enfermedad o de dificultad social que aquellos presenten, se denomina:

a) Trabajo social geriátrico.
b) Asistencia geriátrica.
c) Cuidados gerontes.
d) Institucionalización del anciano.

14. ¿Qué dispositivo de carácter social o de apoyo a la convivencia consideras una institución cerrada?

a) Asilos.
b) Clubes de ancianos (hogar del pensionista).
c) Ayuda a domicilio.
d) Centros de día.

15. De las que se nombran, ¿cuál de las causas de alta hospitalaria en mayores de 65 años es más frecuente?

a) Enfermedades del aparato respiratorio.
b) Tumores.
c) Enfermedades del aparato digestivo.
d) Enfermedades del aparato cardiocirculatorio.

16. ¿Cuál de los dispositivos de carácter sanitario a nivel geriátrico es de segundo nivel?

a) Centros de salud.
b) Hospital de día geriátrico.
c) Hospital de cuidados continuados.
d) Ninguno de los anteriores.

17. ¿Sobre qué metodología del acto geriátrico de valoración es necesario realizarla de la manera más real posible?

a) Respecto a las actividades básicas de la vida diaria (ABVD o AVD).
b) Respecto a las actividades complejas de la Vida diaria (ACVD).
c) Respecto a las actividades instrumentales de la vida diaria (AIVD).
d) Respecto a las actividades usuales diarias (AUD).

18. ¿Cómo debe ser la atención a los ancianos?

a) Parcelar.
b) Social.
c) Integral.
d) Vital.

19. El anciano que, siendo frágil, sufre problemas mentales y/o sociales en relación con su estado de salud, enfermedades de base crónica y manifiesta dependencia para las actividades básicas de la vida diaria, por lo que precisa ayuda de otros (que generalmente requiere institucionalización), se denomina:

a) Anciano frágil propiamente dicho.
b) Anciano sano.
c) Anciano enfermo.
d) Paciente geriátrico.

20. ¿Qué circunstancias de las que se nombran son más acordes con el anciano frágil?

a) Posee una edad generalmente superior a los 65 años, con alteraciones funcionales, al límite entre lo "normal" y "patológico", en equilibrio inestable y con adaptación de los trabajos funcionales a sus posibilidades reales de rendimiento.
b) Es una persona de edad (mayor), que sufre alguna enfermedad (aguda o crónica) pero no cumple ningún otro requisito de los citados anteriormente.
c) Posee una edad generalmente superior a los 80 años, que sufre una o varias enfermedades que le producen algún riesgo de incapacidad, o una cierta incapacidad leve, que sigue tratamiento farmacológico (uno o varios medicamentos), que vive en la comunidad, generalmente solo o en compañía de otra persona mayor, que ha sufrido un cambio reciente de domicilio, o que ha estado hospitalizado en los últimos doce meses, que precisa atención profesional domiciliaria y cuyos recursos socioeconómicos son limitados.
d) Sufre problemas mentales y/o sociales en relación con su estado de salud y que requiere institucionalización.

En MADTEST tienes **más preguntas de este tema** y todos tus avances quedan registrados y se reflejan en el ranking.

¡Supera tus límites con MADTEST!

Solución al test n.º 22

1. c) No aporta detalles de cuáles pueden ser las posibilidades de mejoras del anciano.

2. c) Se incrementa aproximadamente 18 años.

3. d) Factor epidemiológico.

4. b) Edad fisiológica.

5. c) Madurez tardía.

6. c) La falta de alteraciones parenquimatosas y glandulares.

7. d) Caquexia senil o marasmo senil.

8. b) Edad biológica.

9. d) Edad funcional.

10. d) Población regresiva.

11. d) Población envejecida, donde predominan los ancianos sobre las demás edades.

12. c) Índice de envejecimiento.

13. b) Asistencia geriátrica.

14. a) Asilos.

15. d) Enfermedades del aparato cardiocirculatorio.

16. b) Hospital de día geriátrico.

17. a) Respecto a las actividades básicas de la vida diaria (ABVD o AVD).

18. c) Integral.

19. d) Paciente geriátrico.

20. c) Posee una edad generalmente superior a los 80 años, que sufre una o varias enfermedades que le producen algún riesgo de incapacidad, o una cierta incapacidad leve, que sigue tratamiento farmacológico (uno o varios medicamentos), que vive en la comunidad, generalmente solo o en compañía de otra persona mayor, que ha sufrido un cambio reciente de domicilio, o que ha estado hospitalizado en los últimos doce meses, que precisa atención profesional domiciliaria y cuyos recursos socioeconómicos son limitados.

TEST N.º 23

Cuidados del/ de la Técnico en Cuidados Auxiliar de Enfermería a la persona en situación terminal. Cuidados físicos y cuidados psicológicos. Duelo y atención post-mortem

1. ¿Qué aspecto de estos es clave que se dé en cuidados paliativos, siempre que sea posible?

a) La atención hospitalaria.
b) La atención en centro de salud habitual.
c) La atención en centro de salud especializado.
d) La atención domiciliaria.

2. Respecto a los cuidados paliativos no es cierto que:

a) Mejoran la calidad de vida de los pacientes y de sus familias.
b) Alivian el dolor y otros síntomas.
c) Aceleran la muerte.
d) Afirman la vida, y consideran la muerte como un proceso normal.

3. ¿Qué pronóstico (en meses) de vida es el promedio general en pacientes terminales?

a) Está limitado a 2 meses (± 1).
b) Está limitado a 3 meses (± 2).
c) Está limitado a 6 meses (± 3).
d) Está limitado a 9 meses (± 3).

4. ¿Qué principio básico, según Beauchamp y Childress, se sintetiza con la expresión latina *primum non nocere*?

a) Justicia.
b) No maleficencia.
c) Autonomía.
d) Beneficencia.

5. ¿En qué tipo de actuaciones se basan los cuidados paliativos?

a) Eutanasia.
b) Eugenesia.
c) Distanasia.
d) Ortotanasia.

6. A toda acción que pretende terminar con la vida del enfermo para acabar con el sufrimiento se le denomina:

a) Eutanasia.
b) Distanasia.
c) Eugenesia.
d) Ortotanasia.

7. ¿Cuál de estos derechos que se nombran a continuación, de las personas adultas en situación terminal, no consideras que sea tal?

a) Derecho a recibir atención médica y soporte personal.
b) Derecho a la autodeterminación y a rechazar un tratamiento.
c) Derecho a participar en la toma de decisiones relativas a las pruebas complementarias, aunque no en el tratamiento.
d) Derecho a ser tratados con la mayor dignidad y a ver su dolor aliviado.

8. Respecto al reposo y al sueño del enfermo terminal es cierto que:

a) Son infrecuentes las irregularidades en el patrón del sueño.
b) No se deben dar hipnóticos para el sueño, aunque se prescriban por el facultativo.
c) Hay que evitar que se sienta solo, y esto lo relaja y disminuye su estrés, favoreciendo que no se den las irregularidades del sueño.
d) La causa del insomnio siempre es psicológica.

9. ¿Qué consejo en la alimentación en cuidados paliativos es incorrecto?

a) No presionar o agobiar al paciente con la comida, intentando adaptarse al "gusto" del paciente.
b) Presentar la comida de forma atractiva (la comida entra por los ojos).
c) Fraccionar la dieta en seis o siete tomas al día (más veces, menos cantidad), evitando alimentos flatulentos, muy condimentados, o/y con olores intensos.
d) Hay que obligar a comer a los pacientes, la falta de comida constituye una ded las causas de empeoramiento.

10. ¿Qué virus es el que más frecuentemente aparece en la boca de los enfermos que están recibiendo quimioterapia?

a) Cándida.
b) Virus de Epstein-Barr.

c) Citomegalovirus.
d) Herpes simple.

11. ¿Qué aspecto no posee el dolor agudo que sí lo posee el dolor crónico?

a) Posee una misión biológica.
b) Mejor vía de administración la analgesia oral/rectal.
c) Posee un comienzo de alivio rápido.
d) El paciente presenta un estado emocional ante el dolor de cansado/ansioso.

12. ¿Qué factor de esto disminuye el dolor?

a) Miedo.
b) Depresión.
c) Vejez.
d) Sueño.

13. ¿Qué dolor de estos no es nociceptivo?

a) El dolor somático, por estimulación de los receptores periféricos.
b) El dolor visceral, por infiltración, compresión o distensión de vísceras.
c) El dolor neuropático, por daño del Sistema Nervioso Central (dolor central) o periférico (desaferentización).
d) Todos son nociceptivos.

14. Todo lo que se expone del fentanilo es cierto, excepto que:

a) Es un opioide sintético.
b) El fentanilo tiene indicaciones diferentes a la morfina en el tratamiento de dolor crónico que no responda al segundo escalón de la OMS.
c) El principal inconveniente del fentanilo-TTS es su mala adherencia en pieles sudorosas o/y febriles.
d) El fentanilo está especialmente indicado en disfagia/odinofagia, cuando existe un escaso cumplimiento de la medicación oral y cuando se dan problemas en el tránsito gastrointestinal (ocasiona menos estreñimiento).

15. ¿Qué causa de la ansiedad se relaciona con las fases de duelo de la doctora Kübler-Ross?

a) Los problemas relacionados con efectos directos de la enfermedad o complicaciones médicas.
b) Las reacciones adaptativas como consecuencia de la aparición de cambios inevitables.
c) Los problemas derivados de la existencia previa de problemas psicológicos.
d) Aquellas derivadas de los efectos secundarios del tratamiento.

16. ¿Qué nivel de sedación presenta un paciente con una respuesta rápida a estímulos dolorosos/presión glabelar, según la escala de Ramsay?

a) Nivel de sedación II.
b) Nivel de sedación III.
c) Nivel de sedación IV.
d) Nivel de sedación V.

17. ¿Cómo se denomina la capacidad para comprender, aceptar y compartir los sentimientos del paciente (incluso de otras personas)?

a) Catarsis.
b) Empatía.
c) Reflexividad.
d) Eustrés.

18. ¿Qué respuestas es incorrecta?

a) Las familias necesitan atención al mismo tiempo que el paciente terminal.
b) Los familiares deben ser partícipes del plan de cuidados del paciente.
c) No es conveniente instruir a los familiares en los cuidados necesarios para el paciente.
d) El médico debe facilitar a la familia la mayor cantidad de información posible sobre el estado del paciente.

19. ¿Cuál de estas etapas de aceptación de la muerte (Kübler-Ross) suele ser cronológicamente la primera?

a) Ira.
b) Negociación.
c) Negación.
d) Aceptación.

20. ¿En qué fase según Spoken está el paciente terminal que aún no conoce el diagnóstico ni el alcance de la enfermedad, pero la familia sí?

a) Fase de despreocupación.
b) Fase de inseguridad.
c) Fase de negación.
d) Fase de comunicación de la verdad.

En MADTEST tienes **más preguntas de este tema**, y todos tus avances quedan registrados y se reflejan en el ranking.

¡Supera tus límites con MADTEST!

Solución al test n.º 23

1. d) La atención domiciliaria.

2. c) Aceleran la muerte.

3. c) Está limitado a 6 meses (± 3).

4. b) No maleficencia.

5. d) Ortotanasia.

6. a) Eutanasia.

7. c) Derecho a participar en la toma de decisiones relativas a las pruebas complementarias, aunque no en el tratamiento.

8. c) Hay que evitar que se sienta solo, y esto lo relaja y disminuye su estrés, favoreciendo que no se den las irregularidades del sueño.

9. d) Hay que obligar a comer a los pacientes, la falta de comida constituye una ded las causas de empeoramiento.

10. d) Herpes simple.

11. b) Mejor vía de administración la analgesia oral/rectal.

12. d) Sueño.

13. c) El dolor neuropático, por daño del Sistema Nervioso Central (dolor central) o periférico (desaferentización).

14. b) El fentanilo tiene indicaciones diferentes a la morfina en el tratamiento de dolor crónico que no responda al segundo escalón de la OMS.

15. b) Las reacciones adaptativas como consecuencia de la aparición de cambios inevitables.

16. c) Nivel de sedación IV.

17. b) Empatía.

18. c) No es conveniente instruir a los familiares en los cuidados necesarios para el paciente.

19. c) Negación.

20. a) Fase de despreocupación.

TEST N.º 24

Urgencias y emergencias: Concepto. Colaboración en primeros auxilios en situaciones críticas: Politraumatizados, quemados, shock, intoxicación, hemorragias, asfixias, heridas, fracturas, esguinces y luxaciones. Reanimación cardiopulmonar básica

1. Una patología que puede llevar a la muerte y que debe ser atendida en un tiempo inferior a una hora, según la OMS, es:

a) Un accidente.
b) Un siniestro.
c) Una urgencia.
d) Una emergencia.

2. El mayor pico de mortalidad originado en los politraumatizados es:

a) En la primera hora.
b) En las primeras 24 horas.
c) En las semanas posteriores.
d) La mortalidad en los politraumatizados no presenta un pico reconocido.

3. ¿Cuál es el orden en el que se debe realizar una evaluación en un paciente politraumatizado en la valoración secundaria?

a) Primero se debe realizar un examen neurológico, seguido de una exploración en busca de lesiones externas.
b) Primero se debe realizar un examen neurológico, seguido de una exploración de cabeza, cuello, tórax y abdomen.
c) La evaluación debe comenzar por la exploración de la cabeza, para seguir con cuello, abdomen y pelvis, y finalizar con un examen neurológico.
d) La evaluación debe comenzar por la exploración de cabeza, cuello, tórax, abdomen, pelvis, extremidades y finalizar con un examen neurológico.

4. ¿Qué es un traumatismo craneoencefálico?

a) Un impacto violento recibido por un sujeto en las regiones craneal y facial.
b) Un impacto recibido por un sujeto en la región craneal.
c) Una pérdida estructural de una parte del cuerpo.
d) La pérdida del conocimiento por un impacto violento en la región craneal.

5. En la inspección de las pupilas en una valoración neurológica de un paciente con traumatismo craneoencefálico, una relación entre ambas pupilas disocóricas quiere decir que:

a) Ambas pupilas son iguales.
b) Las pupilas no reaccionan.
c) Las pupilas son desiguales.
d) Las pupilas tienen forma irregular.

6. Para valorar la extensión de una quemadura se usa:

a) La regla de los 9.
b) La regla de Wallace.
c) La regla de los 10.
d) Las respuestas a) y b) son correctas.

7. ¿Qué es la uremia?

a) Es una pérdida de conciencia debido a una baja cantidad de glucosa en sangre.
b) Es una pérdida de conciencia debido a una alta cantidad de glucosa en sangre.
c) Es una complicación grave de las enfermedades del riñón, que puede provocar un estado de somnolencia capaz de llevar al coma.
d) Es una complicación leve de las enfermedades del riñón, que puede provocar un estado de somnolencia capaz de llevar al coma.

8. Las catecolaminas producen:

a) Vasoconstricción arterial y venosa, desvía el flujo de sangre de órganos no vitales a los vitales.
b) Elevación de frecuencia cardiaca y respiratoria.
c) Elevación de tensión arterial y gasto cardíaco.
d) Todas las respuestas son correctas.

9. Para poder elaborar un diagnóstico definitivo en un paciente intoxicado se debe recabar la máxima información posible. Se intentará conseguir:

a) Nombre del producto y cantidad del producto ingerido.
b) Vía de administración por la que se ha producido la ingesta y posibles mezclas.

c) Tiempo transcurrido desde la administración del producto y antecedentes patológicos previos del individuo.

d) Todas las respuestas son correctas.

10. ¿Cuál de los siguientes es el tratamiento para la intoxicación por paracetamol?

a) El tratamiento es sintomático.

b) El tratamiento indicado es el lavado gástrico incluso pasadas 12 horas, monitorización cardiaca y administración de bicarbonato sódico.

c) El tratamiento específico es la administración de su antídoto, N-acetilcisteína y si la ingesta es reciente están indicados el lavado gástrico y el carbón activado.

d) El tratamiento consiste en el lavado gástrico y carbón gástrico y la administración intravenosa de flumazenil.

11. La cánula de Guedel:

a) Es una cánula orofaríngea.

b) Se utiliza para mantener la vía aérea permeable.

c) Es un tubo de plástico abierto en su interior.

d) Todas las respuestas son ciertas.

12. Es un ritmo desfibrilable:

a) TVSP.

b) Asistolia.

c) Sinusal.

d) Bloqueo completo.

13. Si está indicada la descarga con el desfibrilador deberemos estar seguros de que:

a) El ritmo es desfibrilable.

b) El nivel de julios es el correcto.

c) Nadie toca al paciente.

d) El DESA tiene baterías.

14. ¿Cuándo se suspende la RCP básica?

a) Cuando la valoración nos indica que el paciente presenta una PCR.

b) Cuando el paciente necesita una descarga eléctrica.

c) Cuando el reanimador está exhausto.

d) Todas las respuestas son ciertas.

15. En los niños las técnicas de RCP se inician con:

a) 30 compresiones.

b) 2 ventilaciones.

c) 5 ventilaciones.
d) 15 compresiones.

16. La secuencia ideal entre compresiones y ventilaciones en los niños es de:

a) 30/2.
b) 15/2.
c) 30/1.
d) 15/5.

17. La realización de la RCP en niños debe hacerse con el niño:

a) En PLS.
b) En decúbito prono sobre una superficie dura.
c) En decúbito supino sobre una superficie dura.
d) En la posición en la que nos encontramos al paciente evitando la movilización.

18. El área de compresión en los lactantes:

a) Es en la línea intermamilar, sobre el esternón.
b) Es en el mismo lugar que en los adultos.
c) Es con 3 dedos sobre la apófisis xifoides.
d) Es justo bajo la apófisis xifoides.

19. No se considera material para la apertura de la vía aérea:

a) Pinzas de Magill.
b) Guía de tubo.
c) Tubos orofaríngeos.
d) Tabla de RCP.

20. El sulfato de magnesio es:

a) Una catecolamina.
b) Un anticolinérgico.
c) Un antiarritmico.
d) Un depresor del SNC.

En MADTEST tienes **más preguntas de este tema**, y todos tus avances quedan registrados y se reflejan en el ranking.

¡Supera tus límites con MADTEST!

Solución al test n.º 24

1. d) Una emergencia.

2. a) En la primera hora.

3. d) La evaluación debe comenzar por la exploración de cabeza, cuello, tórax, abdomen, pelvis, extremidades y finalizar con un examen neurológico.

4. a) Un impacto violento recibido por un sujeto en las regiones craneal y facial.

5. c) Las pupilas son desiguales.

6. d) Las respuestas a) y b) son correctas.

7. c) Es una complicación grave de las enfermedades del riñón, que puede provocar un estado de somnolencia capaz de llevar al coma.

8. d) Todas las respuestas son correctas.

9. d) Todas las respuestas son correctas.

10. c) El tratamiento específico es la administración de su antídoto, N-acetilcisteína y si la ingesta es reciente están indicados el lavado gástrico y el carbón activado.

11. d) Todas las respuestas son ciertas.

12. a) TVSP.

13. c) Nadie toca al paciente.

14. c) Cuando el reanimador está exhausto.

15. c) 5 ventilaciones.

16. b) 15/2.

17. c) En decúbito supino sobre una superficie dura.

18. a) Es en la línea intermamilar, sobre el esternón.

19. d) Tabla de RCP.

20. c) Un antiarritmico.

TEST N.º 25

Muestras biológicas: Concepto de muestra, diferentes tipos de muestras biológicas. Procedimientos de toma de muestras, manipulación, transporte y conservación. Fase Preanalítica y Recogida de Muestras

1. Generalmente, cuando pretendemos identificar la presencia de gérmenes en muestras biológicas estamos realizando un estudio:

a) Hematológico.
b) Inmunológico.
c) Microbiológico.
d) Bioquímico.

2. ¿Qué se entiende como muestra biológica?

a) Cualquier parte de un tejido.
b) Cualquier parte de la sangre.
c) Cualquier otro producto de excreción, o de secreción,
d) Todas las respuestas anteriores son ciertas.

3. ¿En qué tipo de muestras biológicas se realizan la mayoría de las pruebas de laboratorio?

a) Líquidos corporales.
b) Exudados.
c) Tejidos.
d) Heces.

4. ¿Qué tipo de muestras biológicas son los líquidos liberados por el organismo que no son normales y se originan por una patología subyacente?

a) Líquidos corporales.
b) Exudados.
c) Tejidos.
d) Elementos de desecho.

5. ¿Qué tipo de envase se emplea para recoger la muestra resultante de una punción capilar?

a) Frascos de boca estrecha.
b) Hisopos.
c) Frascos de llenado por vacío.
d) Microtubos.

6. ¿Qué envases se emplean para muestras cuya recogida sea menos dificultosa, y con ello logramos disminuir la posibilidad de contaminación?

a) Frasco de boca ancha.
b) Hisopo.
c) Frasco de cultivo.
d) Frasco de boca estrecha.

7. ¿Qué procedimiento de toma de muestra se emplea más habitualmente cuando estas se llevan a cabo tanto en orificios naturales como en heridas?

a) Mediante frasco de boca ancha.
b) Mediante hisopo.
c) Mediante bolsa de recogida de orina o análogo.
d) Mediante frasco de boca estrecha.

8. ¿Qué tipo de envase se emplea generalmente para toma de muestras de heces?

a) Frasco de boca ancha.
b) Hisopo.
c) Frasco de boca mediana.
d) Frasco de boca estrecha.

9. ¿Qué medio evita la desecación y muerte de los microorganismos recogidos con un hisopo estéril?

a) El medio de Schwann.
b) El medio de Petri.
c) El medio de Stuart.
d) El medio de Lindor.

10. ¿Qué son bacterias anaeróbicas?

a) Aquellas que crecen en presencia de oxígeno.
b) Aquellas que crecen en ausencia de oxígeno.
c) Aquellas que crecen en ausencia de CO_2.
d) Son ciertas las respuestas a) y c).

11. ¿Qué se puede hacer para evitar una excesiva proliferación bacteriana en una toma de muestra y que así no se altere sustancialmente su resultado analítico?

a) Realizarla con premura, ya que no admite demora.
b) Refrigerando la muestra en los casos necesarios.
c) No se suele hacer nada en particular.
d) Son ciertas las respuestas a) y b).

12. La proliferación bacteriana es muy intensa en una muestra:

a) A temperatura ambiente.
b) A 38 o 39 ºC.
c) A temperaturas muy bajas.
d) A 60 o más grados centígrados.

13. ¿Qué se debe identificar y comprobar antes de los procedimientos de toma de muestra?

a) Usuario al que se le van a realizar los procedimientos.
b) Impresos y protocolos de petición analítica.
c) Requerimientos y preparación previa del paciente.
d) Todo lo anterior.

14. Tras los procedimientos necesarios en la recogida y transporte de la muestra biológica es necesario:

a) Aplicar las medidas necesarias para que no existan riesgos posteriores a la obtención de las muestras, de forma que el usuario tenga el máximo de comodidad y el mínimo de inconvenientes.
b) Observar con toda atención la posible aparición de reacciones adversas en el usuario, especialmente si la obtención ha sido traumática, compleja, delicada o difícil.
c) Anotar toda la información que se requiera en los registros de Enfermería y en aquellos otros que fuese necesario en cada caso.
d) Todo lo anterior es cierto.

15. ¿Cómo se denomina la fase que abarca todos los procedimientos relacionados directamente con el procesamiento de la muestra?

a) Fase pre-analítica.
b) Fase extra-analítica.
c) Fase analítica.
d) Fase post-analítica.

16. En la fase preanalítica de la muestra de sangre, se da hemodilución si coexiste:

a) Hipovolemia y oligosistemia.
b) Hipovolemia e hipersistemia.
c) Hipervolemia y oligosistemia.
d) Hipervolemia e hipersistemia.

17. Todo lo que se expone de la viscosidad de la sangre es cierto, excepto que:

a) La sangre posee viscosidad.
b) La sangre venosa es menos viscosa que la arterial, ya que posee más CO_2 que la segunda.
c) La viscosidad de la sangre depende de su contenido en células y del tamaño de las mismas.
d) El aumento de los niveles normales de proteínas en sangre la hacen más viscosa.

18. Generalmente un hemocultivo se acompaña de:

a) Urocultivo.
b) Coprocultivo.
c) Antibiograma.
d) Todo lo anterior.

19. ¿Para qué estudio se emplea el tubo donde se toma la muestra de sangre venosa con tapón de color verde?

a) Hemograma.
b) Plaquetas en suero.
c) Inmunología y bioquímica.
d) Estudios de velocidad de sedimentación globular.

20. ¿Qué aditivos poseen las muestras biológicas sanguíneas en las que el tubo posee tapón azul?

a) Gel.
b) Citrato de sodio.
c) Oxalato potásico.
d) ACD.

Solución al test n.º 25

1. c) Microbiológico.

2. d) Todas las respuestas anteriores son ciertas.

3. a) Líquidos corporales.

4. b) Exudados.

5. d) Microtubos.

6. d) Frasco de boca estrecha.

7. b) Mediante hisopo.

8. a) Frasco de boca ancha.

9. c) El medio de Stuart.

10. b) Aquellas que crecen en ausencia de oxígeno.

11. d) Son ciertas las respuestas a) y b).

12. a) A temperatura ambiente.

13. d) Todo lo anterior.

14. d) Todo lo anterior es cierto.

15. c) Fase analítica.

16. c) Hipervolemia y oligosistemia.

17. b) La sangre venosa es menos viscosa que la arterial, ya que posee más CO_2 que la segunda.

18. c) Antibiograma.

19. c) Inmunología y bioquímica.

20. b) Citrato de sodio.

TEST N.º 26

Los medicamentos. Administración de medicamentos, vigilancia y precauciones. Vías de administración. Funciones del/ de la Técnico en Cuidados Auxiliar de Enfermería en relación con la administración de medicamentos

1. Toda sustancia empleada en la fabricación de un medicamento, ya permanezca inalterada, se modifique o desaparezca en el transcurso del proceso, se llama:

a) Excipiente.
b) Coadyuvante.
c) Materia prima.
d) Principio activo.

2. ¿Mediante qué normativa de estas se aprueba el texto refundido de la Ley de garantías y uso racional de los medicamentos y productos sanitarios?

a) Real Decreto 213/2010.
b) Ley 15/1999.
c) Ley 41/2002.
d) Real Decreto Legislativo 1/2015.

3. ¿Cómo se denomina al componente de un medicamento distinto del principio activo y del material de acondicionamiento?

a) Principio activo.
b) Coadyuvante.
c) Excipiente.
d) Principio pasivo.

4. Los medicamentos fotosensibles son aquellos que deben conservarse:

a) En la luz.
b) En el frigorífico.
c) En el congelador.
d) En la oscuridad.

5. ¿Qué rama de la farmacología trata el estudio y características físico-químicas de las materias primas o principios activos de origen biológico destinadas a la preparación del fármaco?

a) Farmacodinamia.
b) Farmacognosia.
c) Farmacocinética.
d) Farmacotecnia.

6. ¿Qué medicación se emplea en la prevención de enfermedades?

a) Analgésicos.
b) Antibióticos.
c) Vacunas.
d) Anticatarrales.

7. Es sinónimo de farmacia galénica:

a) Farmacodinamia.
b) Farmacognosia.
c) Farmacocinética.
d) Farmacotecnia.

8. ¿Qué parte de la farmacología estudia los mecanismos de acción y efectos de los fármacos en el organismo?

a) Farmacoterapia.
b) Farmacocinética.
c) Farmacodinámica.
d) Farmacognosia.

9. Las siglas LADME de un medicamento tiene que ver con su:

a) Farmacodinamia.
b) Farmacocinética.
c) Farmacognosia.
d) Farmacotecnia.

10. ¿Cuál es la vía de administración de un fármaco donde este llevará a cabo su absorción a través del estómago e intestino?

a) Vía oral.
b) Vía parenteral.
c) Vía tópica.
d) Ninguna de las anteriores.

11. El efecto primario pretendido, es decir, la razón por la cual se prescribe el fármaco, con una dosis mínima eficaz es el efecto:

a) Secundario.
b) Lateral.
c) Terapéutico.
d) Adverso.

12. ¿Qué medicamentos no se presentan en forma farmacéutica líquida?

a) Suspensiones.
b) Emulsiones.
c) Cremas.
d) Todas son formas líquidas.

13. ¿Cuál de estas no consideras una forma sólida de medicamentos?

a) Polvos.
b) Comprimidos.
c) Supositorios.
d) Son todas formas sólidas.

14. ¿Qué medicamento se presenta de forma farmacéutica líquida?

a) Elixires.
b) Pastas.
c) Linimentos.
d) Ungüentos.

15. ¿Cómo se denomina a un efecto farmacológico no deseado?

a) Reacción coadyuvante.
b) Interacción medicamentosa.
c) Reacción adversa.
d) Reacción yatrogénica.

16. ¿A qué se denomina introducir el fármaco en el organismo?

a) A la absorción.
b) A la inyección.
c) A la administración.
d) Nada de lo anterior.

17. La administración de fármacos por vía oral es siempre una prescripción:

a) Enfermera oral.
b) Enfermera escrita.

c) Médica oral.
d) Médica escrita.

18. ¿Cuál suele ser un inconveniente de la administración de fármacos por vía oral?

a) Son incómodos.
b) Son caros.
c) Son de absorción lenta.
d) Son inseguros.

19. ¿Cuál es el motivo de la rápida absorción en la vía sublingual?

a) La medicación empleada.
b) Lo cerca que está del corazón.
c) Por ser una zona de amplia vascularización.
d) Es realmente una vía lenta de absorción.

20. Después de la aplicación de pomadas oculares para permitir que la medicación se extienda y pueda absorberse, se deberá mantener los párpados cerrados durante:

a) 5 a 10 segundos.
b) 15 a 20 segundos.
c) 20 a 30 segundos.
d) 1 a 2 minutos.

En MADTEST tienes **más preguntas de este tema**, y todos tus avances quedan registrados y se reflejan en el ranking.

¡Supera tus límites con MADTEST!

Solución al test n.º 26

1. c) Materia prima.

2. d) Real Decreto Legislativo 1/2015.

3. c) Excipiente.

4. d) En la oscuridad.

5. b) Farmacognosia.

6. c) Vacunas.

7. d) Farmacotecnia.

8. c) Farmacodinámica.

9. b) Farmacocinética.

10. a) Vía oral.

11. c) Terapéutico.

12. c) Cremas.

13. d) Son todas formas sólidas.

14. a) Elixires.

15. c) Reacción adversa.

16. c) A la administración.

17. d) Médica escrita.

18. c) Son de absorción lenta.

19. c) Por ser una zona de amplia vascularización.

20. d) 1 a 2 minutos.

Conceptos de limpieza, desinfección y esterilización del material sanitario. Principios básicos. Métodos de desinfección. Métodos de esterilización. Preparación del material para esterilización. Gestión de residuos sanitarios. Clasificación, transporte, eliminación y tratamiento

1. Inhibir el crecimiento bacteriano es un efecto:

a) Virucida.
b) Bactericida.
c) Micostático.
d) Bacteriostático.

2. Una esterilización destruye o elimina:

a) Todos los gérmenes patógenos.
b) Todos los gérmenes no patógenos.
c) Las formas de resistencia o esporas.
d) Todo lo anterior.

3. ¿Cómo se denomina la desinfección que se realiza cuando se ha producido el alta del paciente y las circunstancias lo indican?

a) Desinfección definitiva.
b) Desinfección final.
c) Desinfección concurrente.
d) Desinfección altísima.

4. ¿Qué tipo de acción presenta un desinfectante que es activo frente a virus lipídicos de tamaño medio, virus no lipídicos pequeños, bacterias en su forma vegetativa, bacilos de Koch y hongos, excepto esporas?

a) Desinfección de muy alto nivel.
b) Desinfección de alto nivel.

c) Desinfección de mediano o intermedio nivel.

d) Desinfección de bajo nivel.

5. ¿Qué afirmación es correcta?

a) No es imprescindible que los objetos que puedan contactar con los tejidos humanos sean esterilizados.

b) La piel no es como tal una efectiva ni adecuada barrera que nos protege del contacto con microorganismos.

c) Cualquier microorganismo que contacte con tejidos humanos puede producir infección.

d) Ante la esterilización de un objeto nunca se debe de limpiar previamente.

6. ¿Cómo se denomina la técnica de desinfección que consiste en sumergir en agua a la temperatura de ebullición el material que se quiere desinfectar?

a) Hervido.

b) Pasteurización.

c) Uperización.

d) Técnica UHT.

7. ¿Qué rayos solares son considerados desinfectantes?

a) Los rayos actínicos.

b) Los rayos ultravioletas.

c) Los rayos infrarrojos.

d) Los rayos láser.

8. ¿Qué procedimiento de estos no es químico como desinfectante?

a) Flujo laminal.

b) Clorhexidina.

c) Povidona yodada.

d) Lejía.

9. ¿Sobre qué bacterias posee una muy buena y efectiva acción desinfectante/ antiséptica, la povidona yodada?

a) Gram +.

b) Gram

c) Bacilo de la tuberculosis.

d) Sobre todos los anteriores es muy buena su acción.

10. ¿Qué agente químico de estos se emplea en los hospitales como medio de esterilización?

a) Alcohol etílico al 70%.

b) Óxido de etileno.

c) Bencidinas.
d) Clorhexidina.

11. ¿Qué procedimiento químico como desinfectante se emplea más habitualmente para grandes superficies?

a) Alcohol etílico de 70°.
b) Clorhexidina.
c) Povidona yodada.
d) Lejía (hipoclorito sódico).

12. ¿Qué tiempo requiere el glutaraldehído al 2 % para que lleve a cabo una desinfección por inmersión del material objeto de dicho procedimiento?

a) 1 h.
b) 10 h.
c) 20 minutos.
d) 30 segundos.

13. ¿Qué técnica de desinfección es aquella en la que se empapan las bayetas en una solución y luego se utilizan para fregar?

a) Inmersión.
b) Loción.
c) Aerosol.
d) Fumigación.

14. Para que se formen las brumas o aerosoles es necesario que las gotas microscópicas posean un diámetro menor de:

a) 10 mm.
b) 1 mm.
c) 200 micras.
d) 20 micras.

15. ¿Cuál es la técnica de desinfección que emplea la forma de aerosol en gotas microscópicas (menores de 20 micras de diámetro)?

a) Pulverización.
b) Inmersión.
c) Brumas.
d) Fumigación.

16. ¿Cuál de estos materiales incluirías en los del tipo inventariable?

a) Vidrio.
b) Gasas.
c) Aparataje.
d) Mascarillas de quirófanos.

17. ¿Cómo se denomina el material sanitario que requiere de asepsia total?

a) Crítico.
b) Semicrítico.
c) No crítico.
d) Desinfectado.

18. ¿Qué material no es fungible?

a) Vitrinas.
b) Sondas.
c) Material de vidrio.
d) Bisturí, tijeras o pinzas.

19. Una prótesis de la cabeza femoral la incluirías dentro del material sanitario:

a) Crítico.
b) Semicrítico.
c) No crítico.
d) Desinfectado.

20. ¿A qué se denomina la capacidad de los detergentes para romper una cantidad de suciedad compacta y reducirla a partículas muy finas?

a) Compresión.
b) Adsorción.
c) Suspensión.
d) Dispersión.

En MADTEST tienes **más preguntas de este tema**, y todos tus avances quedan registrados y se reflejan en el ranking.

¡Supera tus límites con MADTEST!

Solución al test n.º 27

1. d) Bacteriostático.

2. d) Todo lo anterior.

3. b) Desinfección final.

4. c) Desinfección de mediano o intermedio nivel.

5. c) Cualquier microorganismo que contacte con tejidos humanos puede producir infección.

6. a) Hervido.

7. b) Los rayos ultravioletas.

8. a) Flujo laminal.

9. a) Gram +.

10. b) Óxido de etileno.

11. d) Lejía (hipoclorito sódico).

12. c) 20 minutos.

13. b) Loción.

14. d) 20 micras.

15. c) Brumas.

16. c) Aparataje.

17. a) Crítico.

18. a) Vitrinas.

19. a) Crítico.

20. d) Dispersión.

Cómo acceder al Curso

Técnico en Cuidados Auxiliares de Enfermería
Test del temario

El uso de los códigos **es exclusivo de los compradores de los productos de Editorial MAD**. Cada producto posee un código único y de un solo uso. Es personal e intransferible y da acceso a servicios y contenidos adicionales. Editorial MAD se reserva el derecho de hacer cuantas comprobaciones sean necesarias para identificar al legítimo poseedor del código y dejar de dar servicio a quien haga uso fraudulento del mismo, además de emprender cuantas acciones legales estime oportunas según la legislación vigente.

Deberás acceder a:

mad.es/registro-campus

Si una vez aceptadas las condiciones de uso del Campus decides hacer uso del mismo, necesitarás del siguiente código de acceso junto con los códigos del resto de títulos que se exigen (si fuera el caso):

2C86M3FE95